학교도서관
활용 수업 2
초등

학교도서관 활용 수업 2 초등

1판 1쇄 발행 2020년 6월 10일

지은이	김강선, 박순혜, 이윤희
펴낸이	한기호
책임 편집	이은진
편집	여문주, 오선이
본부장	연용호
마케팅	윤수연
경영 지원	김윤아
디자인	이성호
인쇄	예림인쇄
펴낸곳	(주)학교도서관저널
출판등록	제2009-000231호(2009년 10월 15일)
주소	121-839 서울시 마포구 동교로 12안길(서교동) 삼성빌딩 A동 3층
전화	02-322-9677
팩스	02-322-9678
전자우편	slj9677@gmail.com
홈페이지	www.slj.co.kr

ISBN 978-89-6915-073-8 (03370)

이 도서의 국립중앙도서관 출판예정도서목록(CIP)은 서지정보유통지원시스템 홈페이지(http://seoji.nl.go.kr)와 국가자료종합목록 구축시스템(http://kolis-net.nl.go.kr)에서 이용하실 수 있습니다. (CIP제어번호 : CIP2020021309)

책값은 뒤표지에 있습니다.

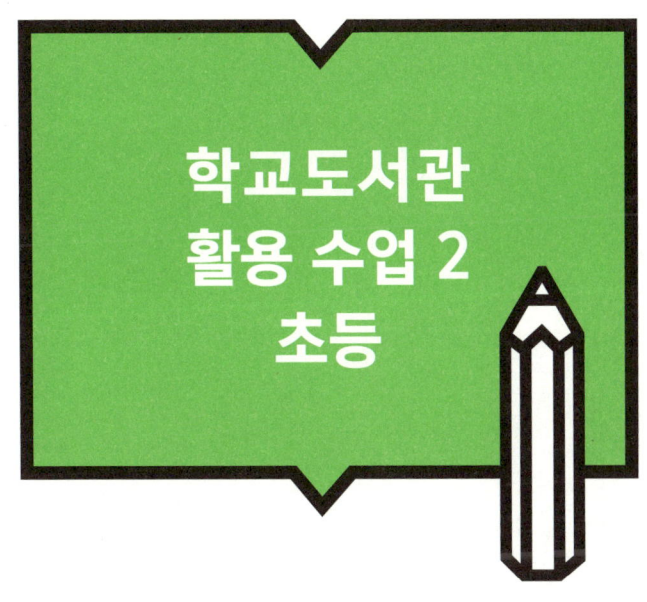

김강선 · 박순혜 · 이윤희 지음
학교도서관저널 엮음

학교도서관저널

● 여는 글

미래 교육의 실마리는
학교도서관에 있다!

4차 산업혁명 사회가 대두된다고 한다. 미래 사회 변화는 교육계에서도 중요한 화두이다. '미래 사회를 살아갈 아이들에게 어떤 교육을 해야 하는가'가 현 교육계 초미의 관심사다.

   미래 사회에서는 누구나 정보와 지식에 쉽게 접근할 수 있기 때문에 정보를 많이 습득하는 것보다 정보와 지식 자체를 활용하거나 다루는 능력이 중요시될 것이다. 이를 위해 교육전문가들은 미래 사회에 필요한 인재의 역량을 여섯 가지(6C)로 제시하고 있다. 미국의 교육과학 선구자 로베르타 골린 코프 교수는 미래 사회에 필요한 여섯 가지 역량으로 협력(Collaboration), 의사소통(Communication), 콘텐츠(Content), 비판적 사고(Critical Thinking), 창의적 혁신(Creative Innovation), 자신감(Confidence)을 제시하면서 어떤 환경에서도 적응할 수 있는 소프트 스킬 교육의 필요성을 강조했다. 이화여대 정제영 교육학 교수 역시 핵심적인 개념적 지식(Conceptual Knowledge), 창의성(Creativity), 비판적 사고(Critical Thinking), 컴퓨팅 사고(Computational Thinking), 융합 역량(Convergence), 인성(Character)을 학교에서 길러야 하는 미래 인재의 역량으로 요약하면서 시대의 변화에 맞는 교육 내용 혁신이 필요하다고 말했다. 이들의 이야기는 빠르게 변화하고 복잡하면서도 예측불가능한 미래 사회를 살아갈 아이들에게 교과목 지식으로 대표되는 하드 스킬과 함께 교육해야 하는 소프트 스킬이 무엇인지 알 수 있게 한다.

학교도서관은 앞서 말한 미래 인재의 역량을 효과적으로 교육할 수 있는 장소이다. 교육부에서는 제3차 학교도서관 진흥 기본계획(2019~2023)을 발표하면서 독서교육, 정보활용교육 및 학교도서관 활용 교육을 연간 학교교육계획에 반영하도록 하였다. 과거의 학교도서관이 학생들의 여가활동을 위한 독서의 공간으로 주로 활용되었다면 현재는 창의 융합 인재 육성을 위한 교육 공간으로서의 학교도서관을 강조하고 있다. 미래 인재의 역량 교육은 교육과정과 밀접하게 운영되는 체계적인 독서교육과 정보활용수업을 통해 실현할 수 있다. 학교도서관은 다양한 읽을거리와 자료를 매개로 독서 수업과 정보활용수업을 할 수 있는 교수-학습의 공간이다.

독서 수업은 인성 교육을 포함한 소프트 스킬 교육의 시작점이라 할 수 있다. 책은 다양한 삶을 경험하고 객관적인 정보를 습득하게 한다. 지속적이고 올바른 독서활동을 하면 다른 사람들의 삶을 이해하게 되고 정보가 축적되어 배경지식이 풍부해진다. 이러한 독서력을 가지면 타인과 의사소통을 활발히 하면서 협업할 수 있으며 사실적 증거에 바탕을 두고 평가하는 비판적 사고도 자연스럽게 체득할 수 있다. 학생들이 매일 지속적으로 활용하는 가장 밀접한 독서 공간인 학교도서관은 학생들의 올바른 독서습관 형성에 중요한 역할을 한다. 학교도서관에서 체계적으로 독서 수업을 한다면 학생들이 책 속 인물에 공감하며 선생님, 친구들과 자유롭게 의사소통하는 방법을 배울 수 있다.

학교도서관에서의 정보활용수업은 다양한 자료를 활용한 단계적인 조사 활동으로 진행된다. 교과 수업이 대부분 개념적 지식을 배우기 위한 활동이라고 한다면 정보활용수업에서는 컴퓨팅 사고를 통해 단계적으로 다양한 자료에 접근하고 비판적 사고와 융합 역량을 활용해 탐색한 정보를 창의적인 지식으로 재구성하는 방법을 배울 수 있다. 2015 개정교육과정의 핵심 역량인 지식정보처리 역량을 키울 수 있는 조사 탐구 학습을 할 수 있는 수업이 바로 정보활용수업이다. 조사 주제를 정하고 정보에 접근해 문제를 해결하고 결과를 평가하는 단계별 활동들을 통해 자연스럽게 지식정보처리 역량과 비판적 사고를 기를 수 있다. 개념적 지식에 한정되지 않기 때문에 다양한 주제를 다룰 수 있으며 학생들의 수준에 따라 조사 내용과 단계를 적절하게 재구성할 수 있다.

학교도서관 활용 수업은 정해진 교육과정이나 교과서가 없기 때문에 독서 수업이나 정보활용수업은 단위 학교의 교육과정 편성과 사서교사의 역량에 따라 그 내용이 현저하게 달라진다. 따라서 수업 경험이 많지 않은 신규 사서교사뿐만 아니라 수업을 계속 진행해 오던 사서교사 또한 수업을 계획하고 교육할 내용을 구성하는 데에 어려움을 겪는 경우가 많다. 이를 위해 정기간행물 〈학교도서관저널〉에서는 초등과 중고등에서 실시한 '학교도서관 활용 수업'이 연재되고 있다.

『학교도서관 활용 수업 2-초등』은 〈학교도서관저널〉의 연재 내용 중에서 초등편의 수업 사례와 변화된 교육과정을 반영해 실시한 수업 내용을 새롭게 담아 출간한 것이다.

이 책에서 소개하고 있는 수업 사례는 사서교사가 단독으로 수업을 실시한 것으로 크게 세 가지, 학교도서관 이용수업, 독서수업, 정보활용수업 영역(2부~4부)으로 나누어 수록했다. 각 수업마다 수업의 흐름을 간단하게 보여주기 때문에 수업에 어떤 자료가 필요하고 어떻게 계획해야 하는지 한눈에 볼 수 있다. 1부에서는 2015 개정교육과정과 관련해 전반적으로 학교도서관 활용 수업이 어떻게 진행되고 있는지 소개하고 실제 현장에서 수업을 계획하는 방법을 알려준다. 2부 '도서관 이용수업'은 도서관 활용의 기본이 되는 도서관 이용수업을 저학년을 대상으로 어떻게 진행했는지 알려주는 수업사례이다. 기본적인 대출·반납 교육뿐만 아니라 아이들이 놀이를 통해 재미있게 배울 수 있는 도서관 이용 및 자료 활용 교육 내용을 담았다. 3부는 학교도서관에서 체계적으로 운영할 수 있는 깊이 있는 독서수업을 정리한 것이다. 읽기 전략을 활용한 기초적인 수업을 시작으로 한 책 읽기, 작가와의 만남, 진로 등과 연계해 운영할 수 있는 다양한 독서 활동을 소개했다. 4부는 과학, 역사, 통합교과 등 교과 내용과 연계해서 할 수 있는 다양한 주제의 정보활용수업을 수록했다. 4부에 소개된 수업사례는 학년별 교육과정 분석을 통해 교과 수업에서 조사 탐구 활동으로 진행할 수 있는 내용이기 때문에 교과교사와의 협력 수업이 가능하다. 소개된 주제 외에도 각 학년의 교육과정을 분석해 보면 더 다양한 교과의 주제를 적용해 정보활용수업을 진행할 수 있다.

사서교사가 실제로 진행했던 수업사례를 담은 책이지만 그 내용을 그대로 적용하기보다는 수업 내용을 재구성해서 운영하면 더 좋은 수업이 될 것이다. 대부분의 수업이 그러하겠지만 도서관 활용 수업도 학생들의 수준과 참여 분위기에 따라 수업의 질이 달라지기 때문에 교사의 역량을 무시할 수 없다. 이 책이 학교도서관 활용 수업을 계획하고 구성하는 과정에서 길잡이가 되어 더 다양하고 풍부한 수업 사례가 쏟아져 나오기를 바란다. 더 나아가 학교도서관 활용 수업이 미래 인재 양성에 큰 역할을 하고 있음이 증명되어 교육과정에 정규 수업으로 편성되고 교과서도 출간되기를 기대해 본다.

2020년 6월

이윤희 용인 소현초 사서교사

여는 글 _ 미래 교육의 실마리는 학교도서관에 있다! 이윤희 _ 5

1부 학교도서관 활용 수업의 현재와 미래
변화된 교육환경과 학교도서관 활용 수업 박순혜 _ 14
학교도서관 활용 수업 계획 어떻게 세울까? 박순혜 _ 22

2부 도서관 이용수업
도서관 활용의 시작, 도서관 이용수업 |저학년| 이윤희 _ 30
놀이처럼 즐기며 도서관과 친해지기 |저학년| 박순혜 _ 39
반려동물을 위한 도서관 이용예절 안내서 |저학년| 김강선 _ 53
책의 좋은 점과 중요성을 배우고 책 소개하기 |저학년| 김강선 _ 62
주제별 책읽기로 십진분류 이해하기 |중학년| 이윤희 _ 71

3부 도서관 독서수업
읽기 전략을 활용한 독서 교육 1 |고학년| 박순혜 _ 80
읽기 전략을 활용한 독서 교육 2 |고학년| 박순혜 _ 90
한 책 읽기와 연계해 책 속 문제 해결하기 |중학년| 이윤희 _ 106
이야기책 깊이 읽고 작가와의 만남 갖기 |중학년| 이윤희 _ 114

그림책을 활용한 진로독서 수업 |고학년| 김강선 _ 121
천천히 깊게 읽고 마음을 키우는 독서 |고학년| 이윤희 _ 133
저작권 올바르게 이해하기 |고학년| 이윤희 _ 146

4부 도서관 정보활용수업
학생이 스스로 탐구하는 도서관 정보활용수업 |고학년| 박순혜 _ 154
백과사전을 활용해 기사 작성하기 |고학년| 김강선 _ 168
정보이용과정 5단계를 적용한 인물 연표 만들기 |고학년| 김강선 _ 178
명화를 활용한 과학·미술 교과 통합 수업 |중학년| 이윤희 _ 188
책의 구성요소를 배우고 작가가 되어 나만의 책 만들기 |중학년| 김강선 _ 195
신문을 활용해 자유탐구 활동하기 |중학년| 이윤희 _ 203
한복과 명절에 대해 통합교과 조사활동하기 |저학년| 이윤희 _ 211
자랑스러운 우리 문화유산, 수원화성 체험하기 |고학년| 이윤희 _ 217
색인과 차례 활용을 배우는 팝업북 도감 만들기 |고학년| 김강선 _ 225

1부

학교도서관 활용 수업의 현재와 미래

변화된 교육환경과 학교도서관 활용 수업

박순혜 서울 신용산초 사서교사

한번은 수업나눔 회의에서 놀라운 이야기를 들었다. 사서교사는 매년 같은 내용으로 모든 수업과 공개수업을 준비할 테니 그만큼 수월하지 않느냐는 질문을 받은 것이다. 담임교사가 같은 학년을 2년 연속한다고 해서 수업이 같지 않듯이, 사서교사의 수업 역시 매년 변화하고 발전한다. 교육과정과 각 시·도교육청의 특색교육, 중점 교육에 맞추어 도서관 수업과정을 연구하고 고민한다.

도서관 교육은 모든 주제를 활용해 융합할 수 있는 보물창고이다. 초등학교의 경우 1학년부터 6학년까지 연계성과 심화성을 가지고 각 교과와 어떻게 융합할 것인지에 대한 연구와 고민 끝에 매년 새롭게 수정·보완하면서 구성하고 있다. 현재 학교도서관은 2015 개정교육과정이 추구하는 '창의융합형 인재' 양성에 맞추어 도서관 교육과정을 만들고 있다.

2015 개정교육과정, 무엇이 달라졌나

2015 개정교육과정은 핵심역량, 성취기준 등 이전의 교육과정과는 전혀

국가수준 교육과정에 포함된 역량의 내용

국가	국가 수준 교육과정에 포함된 역량의 내용	
영국 6대 핵심 기능	의사소통, 수의 응용, 정보 기술, 타인과의 협력, 학습과 수행의 향상, 문제해결	
독일 브레멘 행동 역량	개인적 역량, 사회적 역량, 방법적 역량, 기초 학습 역량	
대만 10대 핵심역량	자기 이해와 잠재능력의 추구, 감상과 표현과 창의력, 진로 개발과 평생 학습, 의사표현과 소통과 공유, 존중과 배려와 팀 작업, 문화적 소양과 국제이해, 기획과 조직 및 실천, 정보기술의 활용, 적극적 탐구와 공부, 독립적 사고와 문제해결	
캐나다 퀘백 범교과적 역량	지적 역량, 방법론적 역량, 개인적·사회적 역량, 의사소통 관련 역량	
뉴질랜드 5대 핵심역량	사고력, 언어와 상징 텍스트의 활용, 자기관리, 타인과 관계 맺기, 참여와 기여	
호주 빅토리아 8대 역량	신체적·개인적·사회적 학습	건강과 체육교육, 대인관계의 발달, 개인적 학습 시민의식
	간 학문적 학습	의사소통, 디자인 창의력과 기술, 정보통신 기술, 사고력
호주 뉴사우스웨일즈 5대 핵심역량	정보의 수집과 분석 및 조직 능력, 정보와 아이디어의 교환 능력, 활동의 계획 및 조직 능력, 조직에서 함께 일하는 능력, 문제해결력	
싱가포르 5대 역량	자기인식, 자기관리, 사회 인식, 관계 매니지먼트, 책임감 있는 결정하기	
한국 2015 개정교육과정 6대 핵심역량	자기관리 역량, 지식정보처리 역량, 창의적 사고 역량, 심미적 감상 역량, 의사소통 역량, 공동체 역량	

새로운 구조와 체제를 취하고 있다. 이전 교육과정이 효과적이고 효율적인 지식 전달, 학업성취도 향상에 초점을 맞추었던 것과는 달리 개정교육과정은 미래 사회를 살아갈 학생들에게 필요한 역량 중심 교육으로 패러다임이 바뀌었다. 이는 교육의 목표를 비인지적 역량 함양에도 초점을 두어야 한다

는 세계 교육 흐름과 같이 하는 것이다. OECD에서 실시하는 교육 수준 평가 시험인 PISA(Programme for International Student Assessment)는 2015년부터 평가 방법을 변경해 문제해결능력도 평가 영역에 추가했다. 교육에서 전통적으로 강조해온 주지 교과와 기초능력 이외에 삶을 살아가는 데 필요한 능력인 대인관계 능력, 의사소통 능력, 문제해결능력을 평가하겠다는 것이다. 세계 각국에서도 국가 수준 교육과정에 역량 중심교육을 담고 있으며, 우리나라는 2015 개정교육과정을 통해 반영하고 있다.

학교도서관은 학생과 교원의 학교교육과정 지원을 목적으로 하고 있다. 그러므로 국가수준 교육과정의 변화를 교육에 반영해 운영해왔다. 특히 2015 개정교육과정의 핵심역량 교육은 학교도서관에서 하고 있는 교육과 일맥상통한다. 아래의 표를 통해 교육과정과 학교도서관 교육의 관계를 보다 명확하게 확인할 수 있다.

2015 개정교육과정 핵심역량과 학교도서관 교육

항목	내용					
핵심역량	지식정보처리 역량	창의적 사고 역량	심미적 감성 역량	의사소통 역량	자기관리 역량	공동체 역량
학교도서관 교육	도서관 이용 교육 정보활용 교육	독서와 독서 후 활동	독서와 독서 후 활동	토의·토론 ·논술 교육	독서치료 진로 독서 교육	토의·토론 ·논술 교육

학교도서관은 도서관 활용 교수·학습 지원을 통해 학교 교육을 내실화하고, 도서관 수업을 통해 정보활용능력을 키우는 데 노력해 왔다. 영국 도서관협회(CILIP)에서는 정보활용능력을 우리가 발견하고 사용하는 모든 정보에 대해 비판적으로 사고하고 균형감 있게 판단을 내리는 능력이라고

정의했다. 또 정보에 기반한 관점을 형성하고 표현하는 완전한 시민으로서 사회에 참여할 수 있다고 했다. 쉽게 풀이하면 정보(보험 옵션, 거래, 호텔 평가 등)를 이용할 때 온라인 정보원의 한계를 이해하고 정보원의 가치를 판단할 수 있는 능력이다. 다시 말해, 정보 출처의 신뢰성과 권한에 대한 관점을 가지고 '가짜 뉴스' 등에 대해 비판적으로 판단할 수 있는 능력이라는 것이다. 고등교육에서의 정보활용능력은 학습과정에서 중요한 아이디어 제시, 새로운 질문 만들기, 혁신적인 사고방식 등을 추구하게 해 깊이 있는 학습이 가능하게 하는 능력을 말한다. 이러한 정보활용능력은 학습자의 능력 및 태도에 영향을 주는데, 교과 연계 정보활용교육은 독서능력과 학업성취도 향상에 영향이 있다는 결과가 입증된 바 있다.(김승희·홍세희, 「정보활용교육의 효과에 대한 메타 분석」, 2016)

학교도서관 수업의 가능성은 무한하다

현재 학교도서관에서는 국가 수준 교육과정의 변화를 반영한 교과서인 『도서관과 정보생활』을 마련했으며, 일반 교과의 주제와 내용을 연계해 학교도서관 교육과정을 구성해 운영해 오고 있다. 18쪽의 표는 초등학교도서관에서 하는 정보활용교육의 예를 들어 설명해 놓은 것이다. 풀어 이야기하자면, 초등학교 3학년 사회 교과에 나오는 '우리 고장의 모습', 4학년 사회 교과에 나오는 '지역의 위치와 특징'은 『도서관과 정보생활』에 나오는 '평생학습사회, 우리가 사는 세상' 단원과 연계해 '우리 고장의 도서관'과 '우리 고장의 공공도서관과 학교도서관'이라는 주제로 수업을 한다. 또는 『도서관과 정보생활』의 '도서관 자료의 활용' 단원에서 '청구기호로 자료 찾기'와 '책 찾기 게임으로 서가배열 알기'는 학생들이 과학 교과에서

초등학교 교과 연계 정보활용수업

학년	교과명	교과 단원 주제	학교도서관 교육	
			「도서관과 정보생활」 단원	내용
3	「사회」	1. 우리 고장의 모습	1. 평생 학습 사회, 우리가 사는 세상	우리 고장의 도서관 우리 고장의 공공도서관과 학교도서관
4		2. 지역의 위치와 특징		
3	「과학」	2. 동물의 한살이	2. 도서관 자료의 활용	청구기호로 자료 찾기
6	「과학」	2. 지구와 달의 운동	2. 도서관 자료의 활용	
4	「과학」	3. 식물의 한살이	2. 도서관 자료의 활용	책찾기게임으로 서가 배열 알기
5	「과학」	1. 날씨와 우리 생활	2. 도서관 자료의 활용	참고자료 활용과 주제어 찾기
5	「국어」	3. 글을 요약해요	4. 정보과제 해결능력 적용하기	수집한 정보 읽고 정리하기
6	「사회」	1-3. 대한민국의 수립과 6.25전쟁	3. 정보과제 해결 따라 하기	서울형 토론하기- '온양이'
6	「사회」	3. 우리나라 경제발전	5. 스스로 책임지는 정보생활	저작권에 대해 알기

배우는 '동물의 한살이', '지층과 화석' 등의 주제와 연계해 정보활용 교육을 진행하고 있다.

학생들이 많은 정보를 담고 있는 지식창고가 아니라, 알고 있는 지식은 활용하고, 필요한 지식은 잘 찾아내고, 알고 있는 지식과 찾아낸 지식을 융합해 새로운 지식을 창출해내는 창의융합형 인재로 기르기 위한 학교도서관 교육과정이다.

현재 학교에서는 진로탐색활동, 주제선택활동, 예술체육활동, 동아리활동 등으로 운영되는 자유학년제를 실시하고 있다. 학교도서관에서는 자료 조사, 분석과 탐구, 체험, 정리의 단계로 도서관 중심 정보활용 교육과정을 통해 매체 선택과 활용 능력을 향상시키는 자유학년제 프로그램을 운영하고 있다. 그 내용을 구체적으로 살펴보면 다음과 같다.

진로탐색활동으로 헌법재판소, 한국은행, 만화박물관 등 다양한 직업군을 만날 수 있는 곳에 관한 체험학습 프로그램을 기획할 수 있다. 체험학습 전 도서관 활용 수업으로 직업에 대한 정보를 수집하고, 이를 바탕으로 직업 소개하기, 내용 요약하기, 인터뷰 질문 만들기 등을 사전에 하는 것이다. 체험 후에는 정보수집부터 체험학습까지의 모든 과정을 한데 엮어, 보고서나 프레젠테이션을 통해 발표 수업으로 마무리하는 것이다. 또는 교과와 연계해 음악과 관련된 직업, 미술과 관련된 직업 등으로 주제를 정해 자료를 조사하고 관련 직업인의 인터뷰까지 한다면 자료 기반 학습과 체험학습을 함께 하고 새로운 자료를 만들어내는 것까지의 과정을 정보활용교육을 활용한 진로탐색활동을 할 수 있다.

학생의 흥미, 관심사에 맞는 전문적이고 체계적인 학생 중심의 인문사회, 탐구 교양 프로그램을 기획해 제공하는 주제선택활동에서는 도서관에 있는 인쇄자료 이외의 영상매체를 활용해 운영해볼 수 있다.

도서관의 다양한 매체를 활용해 생각을 나누며 글쓰기 또는 책 쓰기 동아리활동을 할 수 있다. 자유학년제에 운영되는 여러 프로그램에 도서관의 다양한 매체 활용이 이루어져야 한다. 인터넷의 발전과 대중적 이용으로 도서관은 인쇄자료를 소장하고 빌려주는 공간적 의미로 축소되고 있다. 그러나 도서관은 온·오프라인라인 자료, 인쇄자료, 영상·전자 자료 등 다양한 형식의 매체를 소장하고 있다. 매체에 따라 전달할 수 있는 정보의 양과 표현되는 방식이 다르기 때문에 상황에 적합한 매체를 선택하고 활용하는 것은 내용을 효과적으로 전달하는 방법을 아는 것이다. 따라서 학

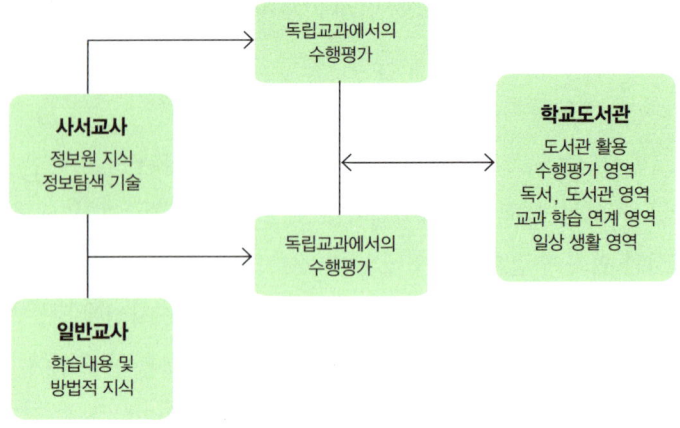

학교도서관을 활용한 수행평가 과정

교도서관 활용을 통해 매체 선택과 매체 활용능력을 키우는 것은 의사소통 역량을 높이는 것이라 할 수 있다.

수행평가는 자료의 활용과 탐구활동을 강조하고 있다. 또한 다양한 정보자료를 바탕으로 하고 있다는 점에서 학교도서관과 밀접한 연관이 있다. 교사가 전달하는 일방적인 지식의 습득이 아니라, 학습자가 능동적으로 자료를 이용해 문제를 해결하는 과정에서 지식을 구성하고 조직해 자신의 산출물을 만들어내는 과정이다. 학교도서관에서의 수행평가는 위의 그림과 같이 사서교사 또는 교과교사 단독으로 진행되기도 하고, 협력 수업으로 이루어지기도 한다.

교육격차에 따라 정보활용능력의 차이가 더 커지며, 경제적 환경이 열악한 학생일수록 정보활용능력이 낮다는 연구 결과가 있다.(강봉숙, 「교육격차와 정보활용능력의 상관관계 연구」, 2018) 누구나 평등하고 공정하게 이용할 수 있는 학교도서관은 교육격차의 심화를 해소하는 대안이 될 수 있다. 사서교사의 연속성 있는 학교도서관 교육을 통해 열악한 교육여건을 보완하고 교육격차의 영향에도 벗어날 수 있다. 사서교사들은 학교도서관 교육서비스를 통해 공교육 강화에 기여할 수 있는 방법을 끊임없이 연구하고 있다.

참고문헌

- 김승희·홍세희, 「정보활용교육의 효과에 대한 메타 분석」, 『한국비블리아학회지』 27권 1호(2016), 59~85쪽.
- 강봉숙, 「교육격차와 정보활용능력의 상관관계 연구」, 『한국도서관 정보학회지』 49권 2호(2018), 179~199쪽.
- 김성은·이지연, 「청소년의 가상정보 공간에서의 정보 이용 행태에 관한 연구」, 『정보관리학회지』 30권 4호(2013), 155~173쪽.
- 김희섭·이미숙·서지웅, 「중장년층의 인구통계학적 특성에 따른 모바일 정보이용행태 분석」, 『한국문헌정보학회지』 49권 2호(2015), 335~353쪽.
- 이승민, 이병기, 「수행평가 과제 해결에 있어 초·중학생의 매체 결정 요인에 관한 연구」, 『한국도서관·정보학회지』 48권 3호(2017), 131~151쪽.
- 최성환, 「수행평가 연계 도서관 활용 수업」, 〈도서관연구소 웹진〉 vol.44(2009.10.31.)

학교도서관 활용 수업 계획 어떻게 세울까?

박순혜 서울 신용산초 사서교사

우선 도서관 활용 수업과 도서관 협력 수업에 대한 개념을 명확히 짚어본 뒤에 이야기를 시작하려 한다. 도서관 활용 수업(library assisted instruction)은 학교도서관의 자원을 활용하여 수업을 전개함으로써 교수-학습의 효과를 높이려는 것으로 국제적으로는 '자료 중심학습' 혹은 '자원 기반학습'(resource based learning)이라는 말을 많이 쓰고 있다. 도서관 협력 수업은 사서교사와 교과교사가 상호협력하여 수업설계-전개-평가에 이르기까지 공동으로 수업을 전개하는 교수-학습 방법이다.

  도서관 활용 수업을 하기 위해서는 학생들이 도서관 이용을 포함한 정보활용능력이 있어야 하며, 교과교사 또한 정보자료를 활용하여 수업을 구상, 전개할 수 있는 교수설계 능력이 있어야 효과를 거둘 수 있다. 따라서 도서관 협력 수업은 도서관 활용 수업을 효과적으로 전개하기 위한 전략이며, 포괄적으로는 도서관 활용 수업에 포함된다.(이병기, 『정보활용교육론』, 260쪽) 이 글에서 언급되는 도서관 수업은 활용 수업과 협력 수업을 포함한 포괄적인 의미이다.

도서관 활용 수업에 대한 인식 개선이 먼저다

초등학교에서 담임교사나 교과교사가 도서관 활용 수업을 제안하는 경우는 극히 드물다. 전혀 없는 것은 아니지만 대부분의 교사와 학생들은 학교도서관을 책을 읽는 장소로 인식하기 때문에 도서관 수업 시간을 자유독서시간으로만 활용하고자 하는 것이 현실이다. 그러므로 사서교사가 먼저 도서관 활용 수업(협력 수업)을 제안한다면 학교도서관이 다양한 자료를 활용하여 수업을 할 수 있는 곳이라고 인식할 수 있다.

매년 초 학년이 시작되기 전에 학교 전체의 교육과정을 구성하는 학교 교육과정에 도서관 수업 내용을 함께 수록하는 것이 가장 좋은 방법이다. 학년 초에 만들어지는 학교 교육과정은 1년간의 학교 중점 교육 방향, 교육과정 편제(교과, 창의적 체험활동, 범교과학습 주제, 학교 공통교육활동)와 시간배당, 부서별, 학년별 교육과정 등을 모두 싣고 있다.

사서교사는 수업을 하게 될 학년 부장과 학교 교육과정의 총괄 책임자인 교육과정 부장과 학년 시작 전 수업을 미리 설계하는 것이 가장 바람직하다. 매년 1~2월, 학교는 교육과정 준비로 회의와 협의가 이루어진다. 이때 구체적인 단원까지는 어렵더라도 학년과 교과목 정도는 함께 협의한 후 교육과정으로 구성하는 방식을 추천한다. 초등학교는 동학년(같은 학년 담임교사 모임) 개념이 강한데, 이는 같은 학년의 담임교사들이 연초에 만들어진 교육과정에 따라 1년간 끊임없이 연구와 협의를 통해 함께 교육과정을 재구성하여 수업을 하기 때문이다. 따라서 사서교사도 소속 학년이 배정되면, 자주 만날 수 있는 담임교사와 협력할 수 있는 시간이 많아진다. 그러기 위해서는 학교 교육과정에서의 학교도서관 활용 수업 배정이 먼저 선행되어야 한다.

학교도서관 활용 수업을 제안해 보자

도서관 수업을 하기 위해서는 먼저 무엇(이용교육, 독서교육, 정보활용교육)을 가르칠 것인가를 선정해야 한다. 모든 내용의 수업을 아울러 구성하는 것이 좋으나 학습자에 따라 내용을 선정하고 각 난이도를 조금씩 달리해서 계획하는 것이 좋다. 가르칠 내용을 정한 뒤에는 어떻게 가르칠 것인지를 고민해야 한다. 어떤 방법으로 전개할 것인지, 수업을 재미있고 원활하게 하기 위해 어떻게 해야 할지에 대한 고민도 필요하다. 이를 위해 학생들의 관심과 흥미를 높일 수 있는 짧은 개그, 퀴즈, 재미있는 토막 상식, 신기한 동영상, TV 드라마, 연예인 이야기 등을 미리 준비하는 것도 좋다.

수업의 내용과 절차에 대한 고민과 더불어 무엇으로 가르칠 것인지도 정해야 한다. 바로 교수-학습 자료 제작의 문제이다. 학습 활동지, 시청각 자료, 실물 자료 중 어떤 자료가 수업에 적합한지 선정, 제작하여 수업에 활용해야 한다.

학교에 따라 수업이 정해진 학년 없이 1학년부터 6학년까지 전체를 수업해야 하는 경우도 있고, 학급별 몇 차시만 수업을 해야 하는 경우도 있다. 이런 경우에는 각 학년 부장들과 교육 내용을 협의하고, 그 내용을 학교 교육과정에 싣는다. 각 학년 부장들과 교육내용을 협의할 경우 사서교사가 미리 교과목, 단원, 수업 내용을 제시하는 것도 좋은 방법이다. 도서관 활용 수업에 대해 담임교사를 위해 가이드를 제공하면 수업 진행이 수월해지기 마련이다.

학교 교육과정을 구성하는 첫 단계에서 협의가 이루어지지 못했다고 실망할 필요는 없다. 초임 발령이나 사서교사가 없었던 학교로 전근을 가게 되는 경우 사서교사의 수업에 대한 기대가 없는 학교를 빈번하게 만나게 된다. 아직 사서교사를 만나보지 못했고, 사서교사의 역할을 알지 못하기 때문이기에 자신을 탓하며 속상해할 필요는 없다. 이럴 때는 담임교사에게 먼저 도서관 협력 수업을 제안해 보자. 각 학년 부장 또는 동학년 교사들에게 먼저 사서교사와 함께하는 도서관 수업을 제안해 보는 것이다. 초등학교는 같은 학년 선생님이 함께 연구와 협의를 통해 수업하는 경우가 많으므로, 특정학급보다는 학년 단위로 수업을 제안하는 것이 좋다. 이때에도 사서교사가 먼저 교과목, 단원, 내용 등을 미리 제시하자. 담임교사와 함께 교과목 선정부터 수업단계를 모두 설계할 수 있다면 더없이 좋으나 아직 사서교사와의 협력 수업에 대한 인식이 높지 않음을 감안한다면 사서교사가 조금 더 적극성을 띠는 것이 바람직하다.

  물론 사서교사가 초등 전학년, 전과목의 교육과정을 모두 익히고 수업 내용을 제안하는 것은 무척이나 어려운 일이다. 사서교사의 의지와 노력만으로 도서관 협력 수업을 하라고 권하고 싶지는 않다. 초등학교 특성상 이용자가 많아 교육과정 연구와 수업을 구성하는 일이 어렵다는 것을 누구보다 잘 알고 있기 때문이다. 게다가 학교 규모까지 크다면 참으로 큰 부담으로 다가올 수 있는 일이다. 그러기에 마음을 내려놓고 학년별 한 과목만이라도 교육과정을 집중적으로 연구하고 구성하여 도서관 수업을 제안하고 도서관 협력 수업을 한 단계씩 해 보자고 권유하고 싶다. 물론 학교의 상황이 모두 다르기에 일률적인 방법으로 도서관 협력 수업을 계획하지는 않았으면 한다. 각자 현재 자신이 있는 학교 상황에 맞게 우리 학생들을 위한 수업을 기획하고 실행하면 된다.

  또 다른 방법으로 과학, 음악, 영어와 같이 담임교사가 아닌 교과 시간으로 배정된 수업에 협력 수업을 제안하는 것이다. 대부분의 초등학교는 담임교사의 수업시간만 도서관 수업으로 배정되어 있는데, 학급별 자유

독서를 비롯하여 사서교사의 수업까지 학교도서관이 비어 있는 시간은 거의 없는 편이다. 따라서 교과 수업은 도서관에서 할 수 없는 경우가 대부분이다. 교과교사의 수행평가 과제를 도서관을 활용하는 방법으로 제안해 보자.

학교 전체를 대상으로 제안하는 수업에는 지난 해 학교 교육과정을 참고하여 학년별 중점 학습 주제, 범교과 학습 주제 등에 해당하는 도서관 자료 목록을 만들어 배부하면서, 도서관 활용 수업에 참여할 수 있도록 하는 것도 좋은 방법이다. 예를 들어 특수학급 교사와 협의하여 4월 '세계 책의 날'과 '장애인의 날'에 대한 수업을 학교도서관 자료로 기반으로 하거나, 다문화에 대한 교육을 학교도서관 자료와 사서교사와의 협력을 통해 수업할 수 있도록 제안해볼 수 있을 것이다.

어려움이 많더라도 한걸음씩 천천히

도서관 활용 수업(협력 수업)을 먼저 제안하고 실행하는 것은 말처럼 쉬운 일은 아니다. 아직 학교도서관을 자유 독서를 위한 공간으로 생각하는 인식 수준, 교수-학습을 위해 필요한 정보기기들을 갖추지 못한 도서관의 환경, 사서교사와 협의하여 수업을 설계하고 진행할 수 있다는 이해도 높지 않은 교육계 등 아직은 어려운 점이 훨씬 많다. 그러나 이러한 문제들로 인해 미루기에는 도서관 활용 수업(협력 수업)은 우리 아이들에게 줄 수 있는 것이 많은, 교사로서 우리 아이들에게 주어야 하는 것이 많은 수업이다.

학교도서관이 해야 할 기능, 사서교사가 할 역할에 대해 한 걸음씩 함께 나아가자고 이야기하고 싶다. 교육 계획도 내용 없는 일회성 행사만으로 학교도서관의 역할과 기능을 다 한 것처럼 포장되고 있는 상황, 그로 인한 마음의 상처도 크다. 그러나 우리는 사서교사이다. 우리 학생들을 위해, 우리 교육을 위해 해야 할 일을, 우리는 잊지 말고 조금씩이라도 꾸준히 함께 하자.

2부
도서관 이용수업

| 저학년 |

도서관 활용의 시작, 도서관 이용수업

이윤희 용인 소현초 사서교사

대부분 초등학교에서는 3~4월에 1, 2학년을 대상으로 도서관 이용수업을 실시한다. 1학년에게는 기본적인 도서관 이용법과 독서 예절을 알려주고, 2학년에게는 자신의 도서관 이용 예절을 점검해보게 하고 독서 후 기초적인 독서감상문 쓰는 방법을 가르쳐준다. 일반적으로 1차시만 편성해 도서관 이용수업을 하는 경우가 많은데, 알려줄 내용이 많기 때문에 최소 2차시 이상 편성해 이용수업을 하는 것이 효과적이다. 1, 2학년을 대상으로 2차시씩 도서관 이용수업을 한 사례를 소개하고자 한다.

1학년 도서관 이용수업

1차시 도서관 이용 규칙 알기

본격적으로 이용수업을 하기 전에 동기유발 활동으로 『한밤의 도서관』(가즈노 고하라, 국민서관, 2014)의 앞부분을 동화 구연하듯 읽어줬다. 이 책은 도서관에서 일어나는 다양한 상황을 보여주면서 도서관에서 지켜야 할 규

1~2학년 도서관 이용수업 흐름

1학년	**1차시 : 도서관 이용 규칙 알기** • 동기유발 : 『한밤의 도서관』 읽어주기 • 도서관 이용 규칙 카드 만들기 **2차시 : 책 대출해서 읽고 반납하기** • 동기유발 : 『그래, 책이야!』 읽기 • 도서관에서 대출·반납 연습하기
2학년	**1차시 : 도서관 이용예절과 주제별 책 알기** • 동기유발 : 『난 무서운 늑대라구!』 읽기 • 주제별 책 내용 알기 **2차시 : 도서관에서 읽은 책 목록 만들기** • 동기유발 : 『책 도둑 토끼』 읽기 • 그림책 읽고 소개하고 싶은 책 목록 만들기

칙을 알려주고 있기 때문에 도서관 이용 규칙을 알려줄 때 활용하기 좋다. 도서관에서 악기 연습을 하는 다람쥐 밴드, 책이 너무 슬프다고 눈물을 펑펑 흘리는 여우의 이야기를 읽어주면서 도서관에서 크게 웃거나 울면서 책을 읽는 것도 다른 사람에게 피해를 준다는 것을 알려줬다. 책의 후반부에는 도서관 이용 시간이 끝났는데도 책을 다 읽고 가겠다는 거북이를 위해 꼬마 사서가 도서관 카드를 만들어 책을 빌려주는 내용이 나온다. 이 부분을 아이들과 함께 읽으며 우리 학교도서관 이용 시간을 확인해 보고, 도서관에서 책을 대출하는 이유와 방법도 알려주었다.

책을 읽고 나서 아이들에게 도서관 이용 시간, 이용 규칙, 대출 및 반납 방법을 알려준 후에 평소 아이들이 도서관 이용 규칙을 지키지 않는 모습을 찍은 사진을 보여줬다. 아이들은 선생님이 연출해서 찍은 사진 아니냐고 반문하는 등 자신들이 평소에 도서관 이용 규칙을 지키지 않고 뒷정리를 안 한다는 것을 깨닫지 못하는 모습을 보였다. 이용 규칙의 중요성을 알아가는 시간을 가진 후에는 1차시 동안 배운 내용을 정리하는 의미로 '도서관 이용 규칙 카드'를 만들어 보았다. 초등 1학년 국어 교육과정이 개정되어 1학기에는 기본적인 한글 학습을 하고 있기 때문에 빈칸을 채울 수 있는 간단한 활동지로 만들었다.

```
우리 학교도서관 잘 이용하기

                                          (   )학년 (   )반 (   )
1. 도서관 이용 시간 :    시   분 ~   시   분
2. 빌릴 수 있는 책 수 :      권, 만화책은      권
3. 빌린 책은      일(일주일) 안에 반납하기(연체하면 못 빌려요)
4. 반납할 책은 꼭 (       ) 선생님께 드리기(책꽂이에 꽂으면 안 돼요)
5. 도서관에서는 (       )(장난치거나 떠들면 안 돼요)
6. 책을 찢거나 (       )하지 않기(잃어버리면 새 책을 사와야 해요)
```

도서관 이용 규칙 카드 만들기

2차시　책 대출해서 읽고 반납하기

수업 전 동기유발 활동으로 『그래, 책이야!』(레인 스미스, 문학동네, 2011)를 함께 읽어 보았다. 이 책은 내용이 짧고 책 읽기에 대한 호기심을 갖게 해주는 그림책이다. 모니터 화면을 스크롤하며 글을 읽고 이모티콘에 익숙한

아이들이 부담없이 읽기 좋은 책이기도 하다. 책에서 몽키가 읽고 있던 책을 동키가 가져가서 몇 시간 동안 돌려주지 않는 대목이 나온다. 만약 '친구가 이렇게 한다면 나는 어떻게 행동할까?'에 대해 이야기를 나누어 보았더니 "다시 빼앗겠다"라는 의견도 있었지만 "다른 책을 읽는다", "똑같은 책을 도서관에서 빌려서 읽는다" 등의 의견이 더 많았다. 그림책에서도 동키에게 책을 돌려받지 못한 몽키가 "난 도서관에 갈래"라고 말하는 장면을 보면서 책을 읽고 싶을 때 도서관에 가면 읽고 싶은 책을 읽을 수 있다고 알려주었다.

도서관 이용수업이 끝나면 아이들은 거의 매일 또는 매 쉬는 시간마다 책을 빌려간다. 책을 빌려가는 것을 재미있어 하지만 연체하는 학생이 점점 늘어나고, 도서관에 책을 갖다줬다고 하는 경우도 많다. 책을 제대로 반납하는 것이 아니라 서가에 꽂거나 북트럭에 놔두고 가는 경우가 많은 것이다. 따라서 이용수업 때마다 가장 강조하는 것이 올바른 반납 방법이다. 빌린 곳(대출대)으로 책을 다시 돌려줘야 함을 늘 강조한다. 아무리 강조해도 매년 3~4월이면 반납했다고 말하는 1학년들의 대출 책을 서가에 찾으러 다녀야 한다.

이번에는 다른 방법으로 책을 대출하고 반납하는 방법을 연습해 보았다. 책을 반납할 때는 '반납 확인 활동지'에 읽은 책의 제목과 별점을 기록한 후, 사서 선생님께 활동지에 확인 도장을 받는 것이다. 수업을 할 때 그림책 중 읽고 싶은 책 한 권을 골라 대출하고 반납하는 방법을 연습해 보았고, 나머지 빈칸은 평소에 책을 빌려간 후 반납할 때 기록해서 제출하도록 했다. 반납 책 다섯 권의 확인 도장을 다 채워서 제출하면 사탕을 주면서 사서 선생님께 직접 책을 돌려주는 활동의 중요성을 익히도록 했다. 활동지와 확인도장을 활용한 후에는 반납 책을 서가에 꽂거나 북트럭에 올려놓고 가는 일이 거의 없어졌다.

도서관에서 책을 빌려요~
어떤 책을 빌렸나 기록해 봅시다

빌린 책 제목	별점	사서 선생님 확인
개미도시	★★★	☺
쓰레기는 어디로 갈까	★☆☆	☺
고고학자는 명탐정	★★☆	☺
바다로 흐르는 물	★☆☆	☺
마법의 염소	★★★	☺

반납 확인 활동지

2학년 도서관 이용수업

1차시 도서관 이용예절과 주제별 책 알기

수업 전 동기유발 활동으로 『난 무서운 늑대라구!』(베키 블룸, 고슴도치, 1999)를 함께 읽어 보았다. 늑대가 글을 배우고 책을 읽으면서 달라지는 모습을 보여주기 때문에 독서 예절에 대해 이야기하기 좋은 그림책이다. 짧은 시간 안에 읽어줘야 하기 때문에 그림만 보여주고 이야기 형식으로 들려줬다. 배고픈 늑대가 "난 무서운 늑대다!" 하며 달려가지만 돼지가 책을 읽고 있으니 저리 가라고 말하는 장면을 아이들은 가장 재미있어 했다. 아이들에게 우리 주위에도 늑대처럼 독서를 방해하는 친구는 없는지, 혹은 내가 그런 행동을 하고 있지 않는지 돌아보자고 했다. 책을 많이 읽은 늑대가 자신이 주인공이 되어 이야기를 들려주는 장면에서는 '알라딘과 요술램프', '피터팬', '빨간 모자' 등의 동화가 생각난다는 이야기도 나왔다. 이야기를 다 들려준 후에는 책을 읽고 나서 달라진 늑대의 주변에 친구들이 모여드는 모습을 보여주면서 독서 예절의 중요성을 다시 한 번 강조했다.

또 상황에 따라 필요한 책을 주제별로 찾는 방법에 대해서도 알려줬다. 예컨대 통합교과 『봄』에 나오는 '우리 몸'에 대해 더 알고 싶으면 기술과학(500)에서 인체(511) 서가를 찾아보고, 국어시간에 동시를 배울 땐 문학(800)에서 동시(811) 서가를 찾아보면 된다고 알려줬다. 서가마다 숫자가 붙어 있기 때문에 주제별로 몇 번 서가를 가면 되는지도 알려줬다. 주제별 책

우리 도서관에는 어떤 책들이 있을까?

분류번호	주제	책의 내용	분류번호	주제	책의 내용
000	총류		500	기술과학	환경
100	철학	생각하게 하는 글, 교훈	600	예술	음악, 미술, 스포츠
200	종교	여러 가지 종교, 신화	700	어학	여러 나라의 말(언어)
300	사회과학	경제, 법, 우리 문화	800	문학	
400	자연과학		900	역사지리	세계 역사

다음 시간에 읽고 싶은 그림책(k)을 찾아, 책의 정보를 써 봅시다.

책 제목		지은이		분류번호	

주제별 책 알기 활동지

위치를 안내하고 다음 시간에 읽고 싶은 그림책 한 권을 찾아와서 책의 정보(제목, 지은이 이름, 분류번호)를 쓰도록 했다. 책의 정보를 쓸 때는 지은이와 출판사를 찾는 방법도 알려줬다. 다음 시간에 그 책을 읽을 것이기 때문에 책의 위치를 기록해서 기억하도록 했다.

2차시   도서관에서 읽은 책 목록 만들기

2차시 수업의 동기유발 활동으로『책 도둑 토끼』(에밀리 맥켄지, 주니어김영사, 2015)를 함께 읽었다. 독서를 무척 좋아하는 토끼가 읽은 책 이름을 목록으로 만들고 당근 개수로 점수를 매기는 내용이 나오는데, 2학년『국어』2단원 중 '좋아하는 책을 친구에게 소개하기' 학습 내용과 연계해서 활용할 수 있다. 책에서 토끼가 '가장 좋아하는 책', '엄마에게 알려줘야 할 책', '아빠가 좋아할지도 모르는 책', '톰과 베티에게 알려줘야 할 책'으로 구분해 목록을 만드는 내용을 참고해 독서목록 활동지를 만들어 보았다.

1차시에 찾아본 책 중 읽고 싶은 책 세 권을 골라서 '나만의 독서목록'에 써 보는 활동을 했다. 활동지를 양면으로 접을 수 있게 해 앞표지에는 자신의 이름을 쓰고, 뒤표지에는 도서관 이용수업 이후부터 읽은 책 목록을 기록하도록 안내했다. 활동지 안쪽에는 '내가 좋아하는 책', '(   )에게 알려줘야 할 책', '(   )가 좋아할지도 모르는 책', '(   )에게 읽어주고 싶은 책'으로 구분해 목록을 만들어보게 했다. 골라온 세 권의 책 중 엄마에게 알려주고 싶은 책, 친구가 좋아할지도 모르는 책 등 소개하고 싶은 사람을 구분해서 기록할 수 있도록 한 것이다. 한 차시 수업으로 목록을 다 채울 수 없기 때문에 나머지 빈 곳은 수업 후에 읽은 책으로 완

아이들이 작성한 '나만의 독서목록'

성해 보라고 했다. 목록을 다 채우기까지 시간과 노력이 필요하기 때문에 앞뒤 면을 다 채워 제출한 학생에게는 학용품을 선물로 주었다.

  1학년을 대상으로 하는 도서관 이용수업은 아이들이 입학한 후 처음으로 학교도서관과 만나는 시간이기 때문에 좋은 첫인상을 남겨야 한다. 책을 읽는 것이 즐겁고 책에는 재미있고 배울 것이 많다는 것도 알려줘야 해서 짧은 시간으로 수업하기는 어렵다. 최소 2차시 이상의 수업을 편성하길 권한다. 2학년의 도서관 이용수업은 다양한 주제의 책을 여러 상황에서 활용할 수 있게 하고, 읽은 내용을 글로 잘 표현할 수 있도록 도와주는 수업이 되어야 한다. 보통 저학년 때는 학교도서관을 잘 이용하므로 이 시기에 책을 많이 읽고 잘 활용할 수 있도록 도와주어, 고학년이 되어서도 지속적으로 도서관의 자료를 잘 활용하고 독서할 수 있도록 하는 것이 좋다. 이를 위해 사서교사가 3~4월에만 도서관 이용수업을 할 것이 아니라, 학생들이 도서관을 자주 찾을 수 있도록 담임교사가 교과시간에 도서관을 활용해 수업할 수 있는 과정을 꾸준히 안내하는 노력이 필요하다.

| 저학년 |
놀이처럼 즐기며 도서관과 친해지기

박순혜 서울 신용산초 사서교사

도서관에서 무엇을 할 수 있는지에 대해 질문하면 대부분 독서와 대출·반납 정도만 떠올린다. 그러나 우리가 도서관을 이용하면서 할 수 있는 것은 훨씬 많다. 몇 년 전 도서관계에서 이슈가 되었던 『기적의 도서관 학습법』(이현, 기탄출판, 2010)이라는 책 덕분에 도서관에서 할 수 있는 일들이 많다고 생각하거나 여러 프로그램을 활용하는 사람들이 늘기는 했다. 그러나 여전히 '도서관' 하면 독서나 대출·반납 또는 수험 공부를 하는 열람실 정도를 떠올리는 경우가 많다. 아이들 역시 마찬가지다. 조사학습 과제를 학교 도서관의 여러 자료를 활용해 해결할 수 있다는 사실을 모르거나, 도서관에서 진행되는 다양한 프로그램의 존재를 모르는 아이들이 많다. 그래서 도서관에서 할 수 있는 다양한 일들을 알려주기 위해 놀이처럼 재미있게 즐기는 수업을 진행해 보았다.

1~2학년 도서관 이용교육 수업 흐름

수업 목표	도서관의 다양한 역할 이해하고 이용방법 배우기
수업준비물	『도서관은 어떤 곳일까?』, 『도서관에 개구리를 데려갔어요』, 실물화상기, 학습지
수업 내용	**1차시 : 도서관과 친해지기** • 〈도서관에 가면〉 노래 부르기 • 도서관 빙고 게임하기 • '도서관에서 무엇을 할 수 있을까?' 이야기하기 • 학교도서관과 공공도서관의 차이 이해하기 • 도서관에서 지켜야 할 예절 알기 **2차시 : 도서관 이용 방법 이해하기** • 열람 절차와 대출 방법 배우기 • 도서관에 관한 퍼즐 게임하기 **3차시 : 책에 대해 알기** • 책의 구성요소 이해하기 • 지은이, 출판사, 저작의 이해하기 • 차례 읽기 • 직접 책 만들어 보기

1차시 도서관과 친해지기

〈도서관에 가면〉 노래 부르기

"도서관에 가면 ○○도 있고, ○○도 있고, ○○도 하고~"

먼저 〈시장에 가면〉 동요를 개사한 〈도서관에 가면〉을 학생들과 함께 불러 보았다. 신나게 노래를 부른 후 도서관에 있는 사물의 이름을 학생들이 발표하면 칠판에 사물 사진을 붙이는 활동을 했다. 학생들은 책, 책상, 창문 등 눈에 보이는 사물의 이름을 먼저 말했다. 책꽂이, 북트럭, 대출카드 등 도서관의 기능을 수행하는 데 필요한 사물들에 대해서도 설명해주었다. 그리고 다시 함께 노래를 불렀다.

"도서관에 가면 책도 있고, 책꽂이도 있고, 북트럭도 있고, 컴퓨터도 있고…."

그런 다음 도서관 빙고 게임을 하기 전에 도서관에 어떤 것들이 있는 살펴보는 시간을 가졌다. 평소에 눈여겨보지 않았던 기기나 사물도 살펴보고, 책장이나 청소도구 등도 눈에 새긴다. 이 활동을 하는 이유는 도서관의 기능을 알려주기 위해서다. 학교도서관의 사물을 살펴보며 지금까지 단순히 책을 빌리고 읽는 곳으로만 인식했던 학교도서관의 다양한 모습을 인식하는 기회가 될 수 있다. 저학년부터 고학년까지 모든 학생들이 즐겁고 쉽게 할 수 있는 활동이다.

도서관 빙고 게임하기

〈도서관에 가면〉 노래로 도서관에 있는 사물들을 익혔다면, 이제 도서관 사물을 가지고 빙고 게임을 하는 시간이다. 빙고 게임은 3×3 혹은 5×5 칸을 만들어 '도서관에서 볼 수 있는 것들'의 이름을 채워서 개인별, 모둠별로 진행한다. 모둠별로 하는 것이 서로 협동하고 아이디어를 짜내기에 더 좋다. 빙고 게임에 적은 물건들의 쓰임새에 대해 이야기를 나누면 자연스레 도서관에서 할 수 있는 일에 대해서도 알게 된다.

'도서관에서 할 수 있는 일'로 빙고 게임을 해도 좋다. '숙제하기', '컴퓨터로 자료 찾기', '대출대에서 책 빌리고 반납하기', '사서선생님과 수업하기', '실물화상기와 TV로 책 함께 읽기', '도서관에서 TV로 영화 보기', '소파에서 편하게 누워서 책을 읽거나 휴식 취하기' 등 도서관에서 할 수 있는 일들에 대해 구체적이고 명확하게 짚어볼 수 있다.

칠판	책장	스탠드
컴퓨터	의자	책상
북트럭	대출대	책꽂이

'도서관에서 볼 수 있는 것' 빙고 게임판

'도서관에서 무엇을 할 수 있을까?' 이야기하기

『도서관은 어떤 곳일까?』(아카기 간코, 달리, 2008)를 함께 읽고 이야기를 나눈다. 도서관 노래, 빙고 게임과 연결지어 도서관에서 할 수 있는 것들에 대해 생각해보게 하면 좀 더 다양한 대답을 유도할 수 있다. 고학년은 도서관에 있는 물건들과 관련해 생각해보라고 하고, 저학년의 경우에는 스티커를 제작해 칠판에 붙이면서 쉽게 이해할 수 있도록 돕는다. 스티커는 도

청구기호 라벨지를 이용한 스티커

서관 청구기호 라벨지에 그림과 간단한 글을 넣어 컬러 프린터로 인쇄해 활용할 수 있다.

학교도서관과 공공도서관의 차이 이해하기

학교도서관과 공공도서관은 같은 듯 다르다. 도서관으로서의 기본 기능은 같지만 교육과정 안에서 학생과 교육자를 위해 운영되는 학교도서관과 지역 주민을 위해 운영되는 공공도서관은 분명 차이가 있기에 기능을 구별해 보는 것도 좋다.

도서관의 주 이용자가 어떻게 다른지, 그 이용자에 따라 장서 구성과 도서관 운영시간 등의 기본적인 방침 등이 어떻게 달라지는지 간단하게 비교해볼 수 있다. 이런 교육을 통해 학생들이 자신이 원하는 것에 따라 어떤 도서관을 이용해야 하는지 알 수 있게 된다.

도서관에서 지켜야 할 예절 알기

『도서관에 개구리를 데려갔어요』(에릭 킴멜, 보물창고, 2006)를 함께 읽는다. 즐겁게 도서관 예절에 대해 이야기해볼 수 있는 책이다. 책 속의 개구리를 보며 도서관을 폴짝폴짝 뛰어다녔던 자신의 모습을 돌아보고, 알을 낳은 암탉을 보며 도서관 한 편의 분실물 코너도 살펴보고, 자신이 좋아하는 책을 언제나 보고 싶은 욕심에 사전을 숨긴 펠리컨이 되었던 적은 없는지 생각해볼 수 있다. 도서관 수업이 끝나면 서로에게 알 낳고 가지 말라며 필통이나 독서기록장을 챙겨주는 모습을 흔히 볼 수 있다. 또 가끔씩 만화책을 숨기는 학생을 보면 대출대로 와서 펠리컨을 발견했다고 조용히 귀띔해주는 친구들도 있다.

2차시 도서관 이용 방법 이해하기

열람 절차와 대출 방법 배우기

도서관 이용자(학생, 교사)는 대부분 대출·반납에 대해 잘 알고 있겠지만, 잘 모르는 이용자도 있다. 저학년의 경우 대출과 반납이라는 말을 어려워하기도 한다. 그래서 이 수업에서는 대출 절차 위주로 다루겠지만, 대출과 반납이라는 용어에 대해 짚어보는 것 역시 중요하다.

대출카드는 대출할 때 필요한 카드이다. 반납은 대출과 다르기 때문에 대출카드가 필요없다. 반납할 때는 책과 예쁜 손, 그리고 사서교사의 컴퓨터가 필요하다. 반납할 책을 책꽂이나 북트럭(책수레)에 그냥 올려두고 가면 사서교사는 알 수가 없다.

"사서선생님은 초능력자서 학생이 무엇을 하든 모두 다 아는 선생님일까?" 하고 질문하면 아이들은 웃음을 터트리며 반납할 때는 사서선생님 컴퓨터로 확인해야 한다는 사실을 인지한다. 다 함께 두 번씩 큰 소리로 다음의 글을 읽어 본다.

> 대출카드는 대출할 때 필요한 카드!
> 반납할 때는 사서선생님 컴퓨터로!

그리고 청구기호를 출력하는 라벨지에 칼라 프린터로 스티커를 출력하고, 스티커를 빈칸에 붙일 수 있는 학습지도 학생 수만큼 준비해 나눠준다. 학생들이 학습지의 빈칸에 알맞은 스티커를 찾아 붙일 수 있도록 지도하면서 수업을 진행한다.

또한 빌린 책은 반드시 가방에 넣도록 알려줘야 한다. 학교도서관에는

청구기호 라벨지에 출력한 스티커

대출증	대출대 =사서선생님 책상	가방	대출대 = 사서선생님 책상	책수레 = 북트럭

스티커를 붙일 수 있는 학습지

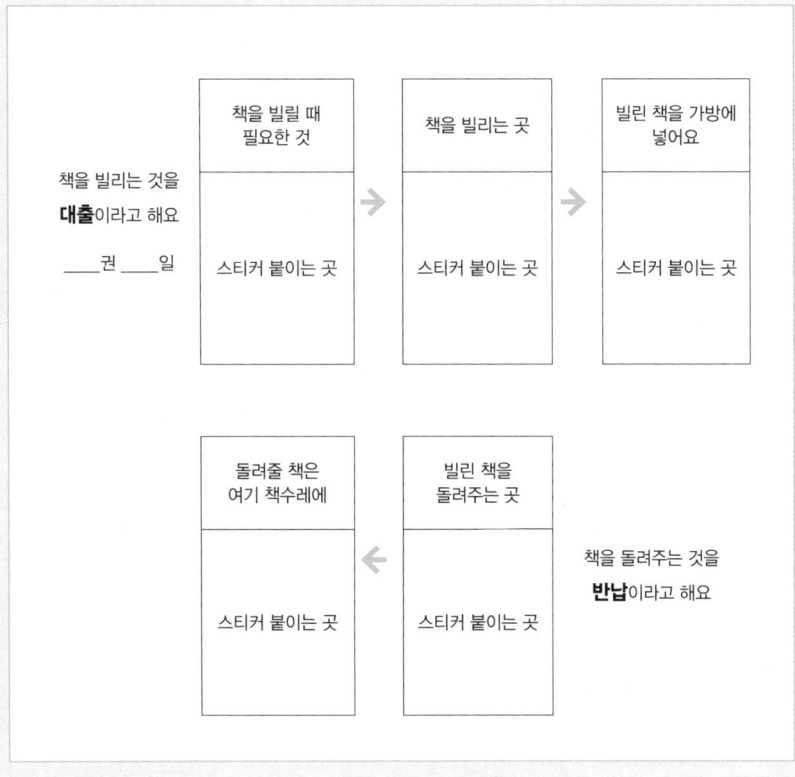

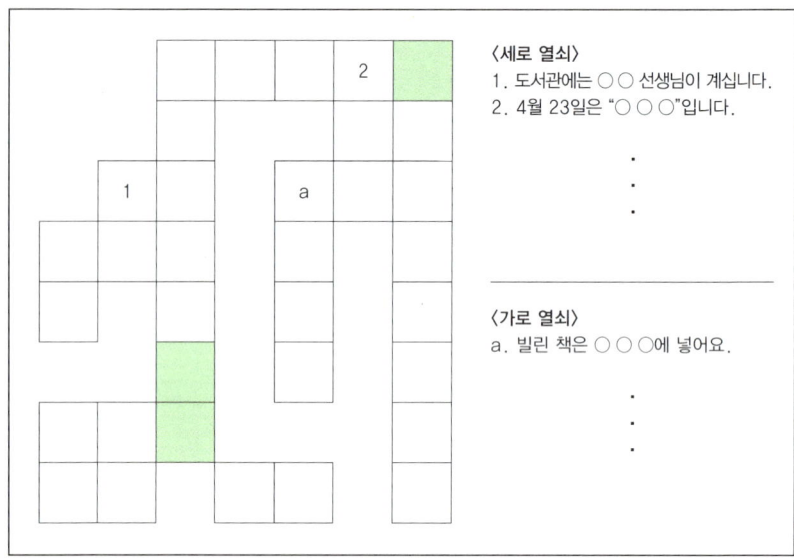

도서관에 관한 퍼즐 게임

이용자가 한꺼번에 몰리는 경향이 있고, 초등학교의 경우에는 빌린 책을 두고 가거나, 빌린 책을 읽다 잠시 자리를 비운 사이 책이 사라져 찾지 못하는 경우가 자주 발생하기 때문이다.

이 밖에도 대출시 지켜야 할 예절에 대해서도 이야기한다. 책을 함부로 다루거나 대출시 발생하는 여러 가지 문제나 상황을 예를 들거나 직접 재연해 보이기도 한다.

도서관에 관한 퍼즐 게임하기

도서관에 대해 알고 싶은 내용들을 퍼즐 문제로 만들어 수업시간에 활용할 수 있다. 학생들이 스스로 도서관 이용에 대한 문제를 만들어 보게 하는 것도 좋다. 문제 만들기를 통해 재미와 교육의 효과 모두 거둘 수 있다.

도서관신문이나 학교신문, 게시판, 홈페이지 등에 퍼즐 문제를 실어 응모하도록 하는 방법도 있다. 퍼즐 게임은 학생들이 무척 좋아해서 도서관에 대한 관심을 높일 수 있다. 독서퀴즈에 활용해도 아주 좋다.

3차시 책에 대해 알기

책의 구성요소 이해하기

이용교육 중 1시간은 책에 대해 알아보는데 책 앞표지, 뒤표지, 앞날개, 뒷날개, 책등에 있는 정보를 함께 살펴본다. 이 수업의 목표는 책의 구조에 대해 알고, 자신에게 맞는 책을 고를 수 있는 능력을 기르는 것이다.

책표지에는 제목, 표지 그림, 책을 소개하는 글 등 책의 내용이나 주제에 대해 예상할 수 있는 내용으로 채워져 있다. 책 앞날개에 있는 작가 소개를 통해서는 작가에 대한 정보를 얻을 수 있는데, 어떤 주제의 전문가인지, 어떤 책을 썼는지 알 수 있다. 뒷날개에는 주로 작가의 다른 책이나, 같은 주제의 책 또는 출판사의 다른 책에 대한 정보가 실려 있다. 이러한 정보를 통해 수업시간에 활용할 책 선정에 도움을 받을 수 있으며 나아가 다음 책 선정에도 영향을 미치게 된다.

학생, 학부모, 교사 등 도서관의 많은 이용자가 사서교사에게 책을 추천해 달라고 요청해온다. 그리고 가끔은 사서교사가 추천해 주는 책과 정보에 대해 어떻게 알게 된 것인지 궁금해하며 책을 많이 읽고, 많은 정보를 알고 있어서 좋겠다고 부러워하기도 한다. 그러나 이렇게 이용자들이 궁금해하는 정보의 대부분은 평소 책을 꼼꼼하게 살펴보면 누구나 알 수 있는 내용들이다.

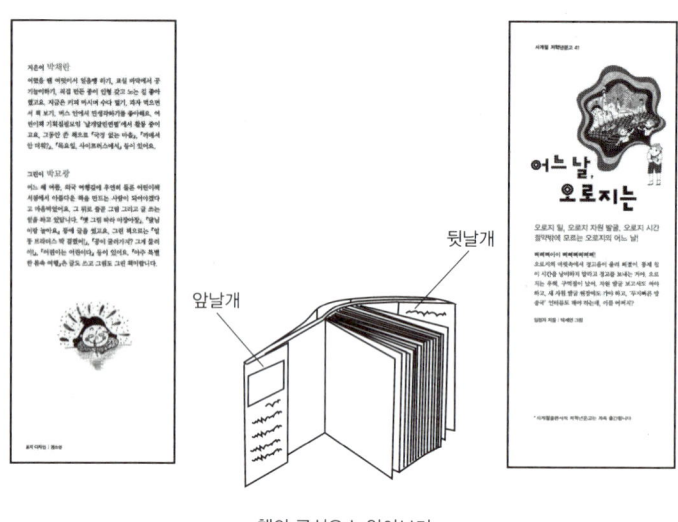

책의 구성요소 알아보기

지은이, 출판사, 저작어 이해하기

아이들은 많은 책을 보면서도 작가가 누구냐고 묻기도 하고, 작가에 대해 관심이 없어서 기억을 못 하기도 한다. 작가에 대해 잘 아는 것은 왜 중요할까? 작가를 알고 책을 읽으면 작품이 더 잘 이해되고 더 많이 보이기 때문이다. 책 속에는 작가의 체험, 생각 그리고 작가가 살고 있는 세상에서 일어나는 이야기가 담겨 있기 때문에 작가를 알고 책을 읽는 것은 중요하다.

도서관 수업 중에 저작어에 대해 알아보고, 학생들이 좋아하는 책 제목을 이야기해 보는 시간을 가졌다. 학생들이 이야기한 책들 중에 같은 작가의 책들을 묶어보기도 하고, 작가 이야기를 해보기도 했다. 이 과정에서 학생들은 자신이 좋아하는 책의 작가에 대해 관심을 갖게 되고 관심이 가는 작가의 다른 책을 찾아보기도 한다. 작가 탐구는 책을 보는 안목과 흥미를 높이는 방법이다.

우리 아이는 학교에서 한 학기 동안 영국 작가 로알드 달의 책을 읽었다. 책을 읽으면서 작가에 대해 조사하는 과제도 해야 했다. 영어 버전과 한글 버전의 책을 함께 읽으면서 옮긴이에 대해 알아보기도 했다. 이 과정에서 번역책의 경우 옮긴이와 출판사에 따라 책이 어떻게 다르게 만들어지는지도 살펴볼 수 있었다. 이처럼 책을 선정할 때 지은이, 그린이, 옮긴이, 출판사는 모두 중요한 정보가 된다.

책에는	이런 뜻이에요
○○○ 글·그림	(　　)과 (　　)을 모두 쓰고 그렸어요.
○○○ 동화집	(　　) 책 속에 이야기를 지었어요.
○○○ 시·그림	책 속 (　　)를 짓고 (　　)을 그렸어요.
○○○ 엮음	여러 사람이 쓴 것을 한 데 (　　) 거예요.
○○○ 옮김	외국 책의 내용을 (　　　　)

지은이를 가리키는 여러 용어 이해하기

차례 읽기

차례 읽기는 왜 필요할까? 대부분의 학생들은 책 본문부터 읽기 시작하고, 책표지나 차례에 전혀 관심이 없는 경우가 많다. 교사나 학부모 역시 책을 읽은 아이에게 내용에 대한 질문만 한다. 차례 읽기를 통해 우리는 책에 어떤 내용이 담겨 있는지, 그것들이 어떻게 연관이 되는지 예측해볼 수 있다. 이 과정에서 이전에 알고 있던 것과 연관성을 찾기도 하고 자신에게 필요한 책을 선정하는 데도 도움을 받을 수 있다. 비문학 장르의 읽기

나 정보를 찾기 위한 도서 선정 시 차례 읽기로 구조를 파악해 보고, 문학책 읽기에서는 읽기가 끝난 뒤 차례를 보며 전체 내용을 정리해볼 수도 있다. 차례 읽기가 왜 필요한지, 어떻게 활용하는지에 대해 수업할 때는 문학과 비문학의 책 두세 권을 선정해 함께 차례를 읽어 보는 것이 좋다.

　나는 수업시간에 책을 함께 읽을 때 매번 표지 읽기와 차례 읽기를 한다. 소리 내어 다 함께 차례를 한 번 읽기도 하고, 내용을 유추해보기 위해 차례를 하나 하나 꼼꼼히 읽고 어떤 내용의 책인지 생각을 나누기도 한다. 오른쪽 학습지는 차례 페이지를 보며 내용을 유추해 보는 질문으로 구성된 것이다. 처음 차례 읽기 수업을 하는 책은 수업 대상 학년의 교과와 관련된 내용으로 하는 것이 좋다. 각자 관심 있는 분야의 책으로 하는 수업도 계획할 수 있는데, 이는 차례 읽기 수업을 몇 번 진행한 후에 하는 것이 효과적이다. 또한 질문은 아주 쉬운 것으로 누구나 알 수 있는 질문으로 시작하는 것이 좋다. 누구나 쉽게 책과 정보를 찾는 방법을 익힐 수 있도록 하는 것이 도서관 수업 전체의 목표에 부합하기 때문이다.

　차례 읽기 수업은 크게 세 가지 형태로 하는데 차례만 소리 내어 간단히 읽기, 차례를 읽고 자신이 유추한 내용을 친구들과 이야기 나누기, 학습지를 활용해 내용을 깊게 유추해보기 등이다. 저학년과 수업을 할 때는 여러 번 반복해야 습관화가 되기 때문에 차례 읽기 역시 형태를 바꾸어가며 여러 번 반복함으로써 습관이 될 수 있도록 유도한다.

　독서감상문 쓰기 방법을 수업할 때도 차례 읽기를 해 보라고 권유한다. 책을 다 읽고 난 뒤에 글을 써야 하거나, 내용을 정리하고 싶을 때 차례를 활용해 보면 좋은 글을 쓸 수 있다. 교과 연계 수업으로 주제를 정해서 수업할 때도 차례 읽기는 자주 활용한다. 차례 읽기 방법만을 단독으로 수업할 때는 저학년과 중학년 위주로 하고, 중학년이나 고학년의 교과 연계 수업

『신토불이 우리 음식』(우리누리 지음, 최서영 그림, 주니어중앙, 2010)

차례에 나와 있는 제목과 페이지를 쓰세요.
1. 우리 음식 중에 김치에 대해 알아보려고 합니다.
2. 우리 음식 중에 궁중음식에 대해 알아보려고 합니다.
3. 옛날에 여자들은 시집을 가기 전에 장 만드는 법을 배웠다고 합니다. 콩으로 메주를 만들고 띄워서 장을 만드는 방법에 대해 알아보려고 한다면 이 책에서는 어느 페이지를 보아야 할까요?

차례에 대해 알아보기

시에는 사회과나 과학과 자료 조사활동에서 차례 읽기를 통한 정보 찾기 방법에 대해 지도하면 효과적이다.

직접 책 만들어 보기

책에 대해 알아본 뒤에는 직접 책을 만들어 보면 좋다. 대체로 도서관 이용교육이 모두 끝난 뒤에 교육 내용을 종합, 정리하는 책 만들기를 한다.

 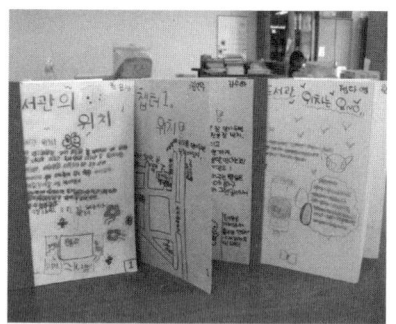

아이들이 직접 만든 책

스스로 작가가 되어 책 속에 넣어야 할 내용을 선정해 보고 차례를 정해 봄으로써 책을 이해하는 정도나 책을 대하는 태도가 달라질 수 있다.

책 만들기는 도서관 이용 방법 정리 이외에 여러 가지로 활용할 수 있다. 책을 읽고 자신의 생각 표현하기, 토론 후에 자신의 주장 표현하기, 과제에 따른 정보 찾아 분석·종합해서 표현하기 등에 활용할 수 있다.

| 저학년 |

반려동물을 위한 도서관 이용예절 안내서

김강선 서울 용동초 사서교사

방과후 도서관을 이용하는 어린이나 학부모 중에는 종종 반려동물인 강아지, 고양이, 햄스터를 데려오거나 게임기를 가져오는 경우가 있다. 이럴 때 동물들은 가만히 있지 않고 이곳저곳을 기웃거리고 소리를 내고, 게임기 소리로 인해 도서관이 혼잡해지곤 한다. 이런 모습을 볼 때면 도서관 예절 교육이 절실함을 느낀다.

1학년 통합교과 『봄』 1단원 '학교에 가면'에서는 학교생활에 필요한 규칙과 약속에 관한 내용을 다루고 있다. 학교도서관도 학교에 속한 공간 중 하나이기 때문에 『도서관과 정보생활』(1~3학년)의 1단원 '도서관은 내 친구'의 소단원 중 '도서관 예절을 지켜요'와 연계해 1학년 아이들이 학교도서관을 올바르게 이용하는 방법과 예절에 대해 이해하고 배울 수 있도록 수업을 계획했다.

다음은 두 교과를 연계하고, 그림책 『도서관에 개구리를 데려갔어요』를 활용해 2차시로 진행한 도서관 이용수업 내용이다.

도서관 이용교육 수업 흐름

관련 교과	통합교과 『봄』 1-1 학교에 가면 『도서관과 정보생활』(1~3학년), 1 도서관은 내 친구
수업 목표	학교도서관 이용예절 배우기
수업준비물	『도서관에 개구리를 데려갔어요』, PPT 자료
수업 내용	**1차시 : 반려동물 도서관 이용예절 익히기** • 동기유발 : 〈꼭꼭 약속해〉 개사 노래 부르기 • 『도서관에 개구리를 데려갔어요』 표지 그림 보고 내용 추측하기 • 『도서관에 개구리를 데려 갔어요』 함께 읽고 발문 활동하기 **2차시 : 도서관 이용예절 배우기** • 도서관에서 하지 말아야 할 행동 OX 퀴즈 풀기 • 도서관 이용할 때 불편한 경험 나누기 • 도서관에 처음 온 동물들을 위한 '이용예절 안내서' 만들기 • 수업 정리활동 : "우리 도서관 이용예절에는 무엇이 있을까요?" 이야기 나누기

1차시 반려동물 도서관 이용예절 익히기

개사 노래 따라 부르기, 책표지 보고 내용 추측하기

동기유발 활동으로 동요 〈꼭꼭 약속해〉를 개사해 1학년 학생들과 함께 불렀다. 잘 알려진 동요라서 아이들은 리듬에 맞춰 즐겁게 잘 따라부르며 도서관 이용예절에 대해 어렴풋이 익힐 수 있었다.

> 도서실에서 사뿐사뿐 뛰지 않고 걸어요/ 새끼손가락 손에 걸고 꼭꼭 약속해
> 도서실에서 시끄럽게 떠들지 않아요/ 새끼손가락 손에 걸고 꼭꼭 약속해

도서실에서 모든 책을 소중하게 사용해요/ 새끼손가락 손에 걸고 꼭꼭 약
속해

　노래를 흥겹게 따라 부른 후『도서관에 개구리를 데려갔어요』책표지를 보여주고 내용을 추측하는 시간을 가졌다. "도서관에 개구리를 데려가면 어떤 일이 벌어질까요?"라고 질문하니 "개구리가 책에 알을 낳아 지저분해질 거 같아요", "개구리가 책장을 뛰어다녀서 책이 쓰러질 것 같아요" 등의 대답이 나왔다. 아이다운 상상력이 돋보이는 대답들이 다채롭게 나왔다.

함께 책 읽고 발문 활동하기

　표지를 보고 내용 추측하기를 한 후 함께 책을 읽었다.『도서관에 개구리를 데려갔어요』는 반려동물을 도서관에 데려간 후 벌어지는 상황을 재미있게 보여주는 책이다. 주인공 브리짓은 자신이 키우는 개구리를 도서관에 데리고 간다. 도서관에 간 개구리는 책상 위로 풀쩍 뛰어올라 사서 선생님을 깜짝 놀래킨다. 암탉을 데리고 갔더니 대출카드함에 알을 낳고, 펠리컨을 데리고 갔더니 부리 주머니 속에 사전을 꼭꼭 숨겼다. 비단구렁이는 지저분하게 그림책에 비늘을 떨어뜨리고, 기린은 긴 목으로 다른 친구들 어깨 너머를 자꾸 기웃거리면서 책을 훔쳐본다. 결국 브리짓의 애완동물들은 도서관에 갈 수 없게 되었지만 책 읽기를 포기하지 않고 집에서 코끼리가 읽어주는 책을 보면서 즐거운 시간을 보낸다.
　책 속 동물들의 모습은 우리 아이들의 모습과 비슷하다. 이리저리 뛰어다니고, 친구가 보는 책을 어깨 너머로 훔쳐보고, 깔깔거리면서 떠들다가 사서선생님께 경고도 받는다. 그러다 보면 아이들은 어느새 도서관에

서 지켜야 할 예절을 자연스럽게 익히게 된다. 이 책은 선생님이 엄격한 말로 도서관 예절을 가르쳐주기보다는 아이들 스스로 깨우칠 수 있도록 도와준다.

이 책을 함께 읽고 인상 깊은 구절을 공책에 적어 보는 활동을 했다. 아이들이 인상깊은 구절로 뽑은 내용은 다음과 같다.

"도서관에 기린을 데려 갔는데, 아이들 어깨 너머로 자꾸 책을 훔쳐 보았어요."

"도서관에 내 하이에나를 데려갔는데, 하이에나가 아무 때나 큰소리로 깔깔거리는 바람에 선생님이 읽어주는 이야기를 아무도 들을 수 없었어요."

"도서관에 코끼리를 데려갔는데, 코끼리는 무엇이든지 아주 잘 해냈어요. 책상 위에 책을 가지런히 놓고 사서 선생님의 도움이 필요하면 다소곳하게 부탁했어요. 선생님이 읽어 주는 이야기를 얌전히 듣고 있다가 꼭 웃어야 할 대목에서만 하하 웃었어요. 그런데 덩치가 매우 컸어요."

"그래서 도서관에 갈 때는 혼자 갔어요. 집에서는 코끼리가 동물 친구들에게 책을 읽어줬어요."

2차시 도서관 이용예절 배우기

도서관 이용예절 학습지 풀기

1차시에 책을 읽으며 도서관 이용예절에 대해 생각해 보았다면 2차시에는 책의 내용을 다시 확인하고 도서관 이용예절을 익힐 수 있는 문항으로 구성된 학습지를 풀어보는 시간을 가졌다. 학습지는 책에 나오는 동물들이 한 행동을 연결해보거나, 도서관에서 하지 말아야 할 행동에 관한 OX퀴즈 등으로 구성해 보았다. 아이들은 학습지를 채우면서 스스로 도서관 이용 예절을 얼마나 지키고 있는지 확인할 수 있었다. OX퀴즈를 풀면서 "예전엔 친구랑 떠들고 뛰어다녔는데…"라고 말하며 스스로 행동을 반성하는 아이도 있었고, "얘가 어제 소파에 올라가서 막 뛰었대요!" 하며 선생님에게 친구 행동을 이르는 아이도 있었다. 자유롭게 학습지를 풀면서 아이들에게 도서관에서 지켜야 할 예절에 대해 다시 한 번 설명해주었다.

학습지를 풀어본 후 도서관을 이용했을 때 불편했던 경험에 대해 발표해 보았다. "책을 읽고 있는데 큰소리로 말하는 친구들 때문에 집중이 안 돼서 화가 났어요", "책 고를 때 장난치고 뛰어다니는 애들 때문에 책을 못 찾았어요", "제가 고른 책을 재밌겠다고 뺏어간 친구 때문에 속상했어요" 등등 아이들은 속상한 경험을 떠올리며 여러 가지 이야기들을 했다. 또 자신의 행동이 친구들에게 피해를 끼칠 수 있겠구나 하는 생각을 하며 도서관 이용 예절을 잘 지켜야겠다고 다짐하는 시간이기도 했다.

도서관에 처음 온 동물들을 위한 '이용예절 안내서' 만들기

마지막 활동으로 도서관에 처음 온 동물들을 위한 '이용예절 안내서' 만들기를 했다. 자체 제작한 동물 스티커를 종이에 붙인 후에 도서관을 올바르게 이용하는 태도에 대해 적고, 배경과 표지를 그려서 이용예절 안내서를 완성했다. 스티커를 붙이며 아이들은 무척 재미있게 활동을 했지만 시간이 부족해서 쉬는 시간까지 수업을 이어서 한 부분이 아쉬웠다. 1학년이 할 수 있는 교육 활동의 양을 융통성 있게 조절할 필요를 느꼈다.

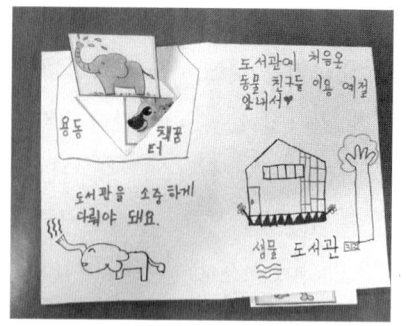 

아이들이 만든 '도서관 이용예절 안내서'

    수업을 마치고 아이들에게 "우리 도서관 이용예절에는 무엇이 있을까요?"라고 질문을 하니, 아이들이 "뛰지 말아야 해요", "조용히 책을 봐야 돼요", "떠들지 말아야 해요", "책을 깨끗이 봐야 돼요"라고 발표하는 모습을 보고 뿌듯한 마음이 들었지만, 교실로 가는 시간이 되자 역시나 우르르 달려 나가는 모습을 볼 수 있었다. 도서관 이용 예절은 단발적으로 지도하는 것이 아니라 꾸준히 교육해야 함을 다시금 느꼈다.

    아이들이 도서관과 책을 좋아하지 않으면 도서관에 오지 않는다. 도서관에 와서 조금 떠들고 장난치고 숨바꼭질을 하면 좀 어떤가! 그렇게 놀다가 책 읽기에 흠뻑 빠지게 되면 어느새 도서관에서 지켜야 할 예절을 자연스럽게 익히게 된다. 스스로 도서관을 이용하면서 시행착오를 겪고 책 읽기의 기쁨을 느끼면서 도서관 이용법을 알아가는 것도 나쁘지 않다. 사서 교사인 우리가 조금만 눈을 감아준다면, 조금만 융통성 있게 넘어간다면 아이들은 책궁전인 도서관을 더 많이 찾을 것이다.

도서관 이용예절 학습지

도서관 수업 학습지 (   )모둠   (   )학년   (   )반   이름 : (   )

☆ 알아보아요 ☆

1. 오늘 공부하는 책의 정보에 대해서 알아봅시다.

책 제 목			글쓴이	에릭 킴멜
출 판 사	보물 창고		그린이	블랜치 심스
읽은날짜	년 월 일 요일		옮긴이	신형건

2. 도서관에 '개구리'를 데려가면 어떤 일이 벌어질까요? 상상해서 동그라미에 써보세요.

☺ 얼마나 알고 있나요! ☺

1. 동물들이 도서관에 가서 한 행동들을 바르게 연결해보세요!

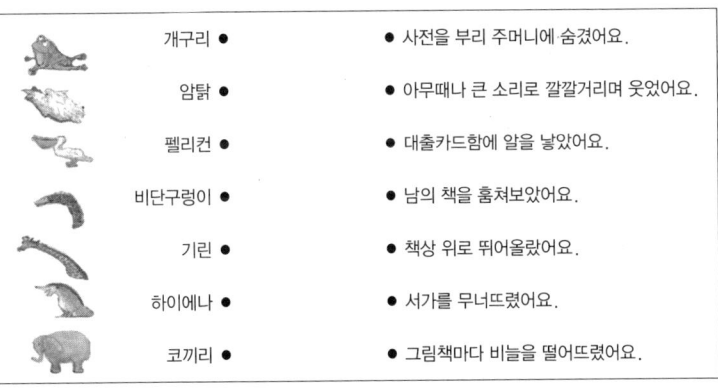

개구리 ●	● 사전을 부리 주머니에 숨겼어요.
암탉 ●	● 아무때나 큰 소리로 깔깔거리며 웃었어요.
펠리컨 ●	● 대출카드함에 알을 낳았어요.
비단구렁이 ●	● 남의 책을 훔쳐보았어요.
기린 ●	● 책상 위로 뛰어올랐어요.
하이에나 ●	● 서가를 무너뜨렸어요.
코끼리 ●	● 그림책마다 비늘을 떨어뜨렸어요.

2. 학교도서관을 이용할 때 하지 말아야 할 행동은 무엇이 있을까요? 도서관을 올바르게 이용하는 방법에 대해서 생각해보고 (   )안에 O, X 로 표시해보세요.

♣ 도서관에서 개구리처럼 책상 위로 올라가서 뛰어도 됩니다. (   )
♣ 하이에나처럼 도서실에서 큰 소리로 말하고 웃지 않습니다. (   )
♣ 도서관에서 펠리컨처럼 책을 읽고 아무 데나 숨겨도 됩니다. (   )
♣ 비단구렁이처럼 비늘을 떨어뜨리지 않고 도서실을 깨끗하게 이용합니다. (   )

도서관 수업 학습지 (   )모둠   (   )학년   (   )반   이름 : (   )

★ 더 생각해보아요! ★

1. 도서관 이용예절을 지키지 않은 동물 친구들에게 올바른 이용예절을 알려주세요.

☺ 도서관 이용예절을 지키지 않는 동물들 ☺   ☺ 올바른 도서관 이용예절 ☺

지키지 않는 동물들		올바른 이용예절
개구리가 도서관 책상 위에서 뛰었어요.	⇨	
암탉이 대출카드함을 이용해서 알을 낳았어요.	⇨	
펠리컨은 도서관에 있는 사전을 부리에 숨겼어요.	⇨	
비단 구렁이는 그림책에 지저분하게 비늘을 떨어뜨렸어요.	⇨	
기린은 친구 책을 훔쳐보면서 방해했어요.	⇨	
하이에나는 도서관에서 아무 때나 웃고 큰소리로 떠들었어요.	⇨	
코끼리가 도서관을 이용하다가 책장을 무너뜨렸어요.	⇨	

📖 학교도서관 이용예절에 대해 배울 수 있는 좋은 그림책

『도서관에 간 사자』 미셸 누드슨 글, 케빈 호크스 그림, 웅진주니어, 2007
『도서관에 간 암탉』 데보라 브루스 글. 티파니 비키 그림, 여우오줌, 2002
『도서관에 간 여우』 로렌츠 파울리 글, 카트린 쉐러 그림, 사파리, 2012
『도서관에 간 박쥐』 브라이언 라이스 지음, 주니어RHK, 2014
『도서관에 간 공주님』 잔느 윌리스 글, 로지 리브 그림, 주니어김영사, 2008
『도서관에서는 모두 쉿!』 돈 프리먼 지음, 시공주니어, 2009
『한밤의 도서관』 가즈노 고하라 지음, 국민서관, 2014
『도서관 탐구 생활』 사이토 히로시 글, 다나카 로쿠다이 그림, 북뱅크, 2016
『세계를 감동시킨 도서관 고양이 : 듀이』 비키 마이런·브렛 위터 지음, 갤리온, 2009

| 저학년 |

책의 좋은 점과 중요성을 배우고 책 소개하기

김강선 서울 용동초 사서교사

한 권의 좋은 책을 만나면 책 속에서 마음의 위로를 받으며 진정한 나를 발견할 수 있다. 등장인물을 통해서 나의 모습을 만나기도 하고, 몰랐던 내면의 모습을 발견하기도 한다. 이렇게 책은 우리의 마음을 아는 아주 좋은 친구와 같다. 데카르트는 "좋은 책을 읽는다는 것은 과거의 가장 훌륭한 사람들과 대화하는 것"이라고 말했다.

그러나 요즘 아이들은 자발적이고 순수한 '책 읽기'의 기쁨을 누리지 못하는 것 같다. 학교에서 내주는 숙제 때문에 억지로 책을 읽거나, 선생님이나 부모님의 권유 때문에 마지못해 책을 읽는 경향을 보이곤 한다. 또 스마트폰이나 게임에 빠져 책과 담을 쌓는 경우가 많다.

최근 초등학교 3, 4학년 개정교육과정 국어과에 '한 학기 한 권 읽기' 과정이 추가되면서 책을 깊이 읽고, 책 읽기의 기쁨을 느낄 수 있도록 하는 교육이 강조되고 있다. 3학년 1학기 『국어』 5단원 '중요한 내용을 적어요'

1~2학년 책의 좋은 점과 중요성 배우기 수업 흐름

관련 교과	『국어』 2-1-2 자신있게 말해요
수업 목표	책의 좋은 점 배우고 소개하기
수업준비물	『난 무서운 늑대라구!』, PPT 자료
수업 내용	**1차시 : 그림책 읽고 책의 좋은 점 알기** • 동기유발 : 책 표지를 보고 '늑대'가 나오는 다른 책 제목 이야기하기 • 『난 무서운 늑대라구!』 함께 읽고 발문 활동하기 • 책을 읽으면 좋은 점 써보기 **2차시 : 친구에게 책 소개하기** • 뒷이야기 상상해서 그리기 • 책 소개하는 캘린더북 만들기 • 수업 정리 : 만든 캘린더북을 보여주면서 소개하고 싶은 책 발표하기

에서는 책을 읽고 소개하는 방법을 배우는데, 책을 제대로 읽지 않고 할 수 없도록 학습과정이 구성되어 있다. 재미있게 읽은 책을 친구들에게 소개하는 내용은 1학년, 2학년 『국어』 교과서에도 나온다. 점차 책을 즐겁게, 깊이 있게 읽도록 이끄는 교육으로 변화하고 있음이 느껴진다.

아이들에게 좋은 책 한 권이 우리에게 어떤 도움을 주는지, 책의 좋은 점과 중요성은 무엇인지 느끼게 해주고 싶었다. 그래서 1, 2학년 아이들과 함께 『난 무서운 늑대라구!』(베키 블룸, 고슴도치, 1999)를 읽고 책의 좋은 점과 중요성을 배우고, 재미있는 책을 친구들에게 소개하는 방법을 배우는 수업을 실시했다. 2학년 아이들과 2차시로 진행한 수업을 소개하고자 한다.

1차시 그림책 읽고 책의 좋은 점 배우기

'늑대'가 등장하는 책 제목 이야기하기

동기유발 활동으로 2학년 아이들에게 『난 무서운 늑대라구!』 표지를 보여주고 늑대가 나오는 다른 책 제목을 이야기해 보자고 했다. 늑대는 고전이나 옛이야기에 많이 등장하는데, 권장도서나 부모가 권하는 책들만 읽는 요즘 아이들은 늑대가 등장하는 이야기나 책 제목을 많이 알지 못했다. 아이들이 재미있게 읽을 만한 『빨간모자』, 『늑대와 일곱 마리 양』, 『아기 돼지 삼형제』 등의 고전 동화를 간략하게 소개해줬지만 창작동화에 익숙한 아이들에겐 여전히 생소하게만 느껴지는 것 같았다. 다행히 수업이 끝난 후 선생님이 소개해준 책을 찾아달라는 아이들이 많아서 동기유발이 충분히 된 듯해 안도의 한숨을 내쉬었다. 아이들에게 재미있는 고전 작품을 많이 소개해줘야겠다는 생각이 들었다.

『난 무서운 늑대라구!』를 함께 읽고 발문 활동하기

본격적으로 『난 무서운 늑대라구!』를 함께 읽어보았다. 이 책은 배고픈 늑대가 동물을 잡아먹기 위해 들어간 농장에서 조용히 책을 읽는 젖소, 돼지, 오리를 보고 자극을 받아 자신도 책을 읽게 되고 최고의 이야기꾼이 되겠다는 꿈까지 갖는다는 내용이다. 아이들에게 자연스럽고 재미있게 책이 얼마나 좋은 것인지 알게 해주는 동화이다.

이 책을 읽고 네 개의 발문이 담긴 질문지를 나눠주고 함께 읽으며 발표하는 시간을 가졌다. "책을 읽기 전의 늑대와 책을 읽은 후의 늑대가 농장 동물 친구들을 대하는 태도는 어떻게 달라졌나요?"라는 발문에서 아이들은 책을 읽기 전 늑대가 돼지와 오리를 본능적으로 먹이로 본 점에 대해서는 정확히 발표를 했지만, 책을 읽은 후에 달라진 모습을 순차적으로 발표하기는 어려워하고 짤막하게 발표를 했다. 늑대가 변화된 모습을 담은 그림을 다시 짚어보며 설명을 해주었다.

책을 읽기 전 늑대는 동물들을 먹이로 보고 '으르렁'대며 예의 없이 달려갔지만 학교에 가서 책을 읽은 후에는 울타리 문을 부수지 않고 뛰어 넘어서 들어가 책을 읽었고, 두 번째 도서관에 다녀와서 울타리 문을 두들기고 들어가 앉아 책을 읽었고, 마지막으로 서점에서 자기만의 책을 사서 읽은 후에는 울타리 문의 종을 울리고 풀밭에 누워서 책을 읽어주었다고 아이들에게 자세히 설명을 해주자 책으로 인해 늑대가 변화하는 과정을 보다 쉽게 이해했다. 마지막으로 책이 늑대를 좋은 방향으로 변화시킨 것처럼 사람도 변화시킬 수 있다고 덧붙이며 책의 중요성을 인식시켰다.

책을 읽으면 좋은 점 써보기

아이들과 책의 좋은 점을 써보고 발표하는 시간을 가졌다. 아이들은 대체로 다음과 같은 이야기를 했다. "공부를 잘하게 돼요", "똑똑해져요", "머리가 좋아져요", "많은 걸 알려줘요", "모르는 글씨를 알 수 있어요" 등등. 지식적인 측면의 장점만 발표하는 것을 듣고 책의 다양한 장점을 알려줘야겠다는 생각이 들었다. 책을 읽으면 상상력이 풍부해지고, 경험과 지식이 많아지고, 생각하는 힘이 생기고, 따뜻한 정서가 생겨서 삶이 풍요로워진다고 설명해주었지만 "아~그렇구나" 하면서 이해하는 아이들도 있고, 갸우뚱거리는 아이들도 있었다. 모든 아이들의 책의 중요성을 이해할 수 있도록 하는 방법이 필요하겠다는 생각이 들었다.

2차시 친구에게 책 소개하기

뒷이야기 상상해서 그리기

『난 무서운 늑대라구!』의 앞면지에는 여행에서 지친 늑대가 봇짐을 메고 힘없이 걸어가는 모습이 나온다. 이 늑대는 먹이로 보았던 동물들의 책 읽는 모습에 자극을 받아 책을 잘 읽게 되고, 최고의 이야기꾼이라는 칭찬도 듣는다. 늑대는 동물 친구들과 함께 세계여행을 떠나겠다는 꿈도 키운다. 그 뒤에 늑대는 어떻게 됐을까? 아이들에게 뒷면지를 보여주기 전에 늑대가 어떻게 되었을지 상상해서 그림으로 그려 보자고 했다. 늑대가 비행기를 타고 여행하는 모습을 그리는 아이, 사람들에게 이야기를 해주는 늑대나 작가가 된 늑대를 그리는 아이들도 있었다. 서로 그림을 보여주고 발표를 한 후 함께 뒷면지를 살펴보았다. 이야기꾼이 된 늑대의 모습을 보고 "와 내가 맞혔다!" 하며 좋아하는 아이도 있었고, "역시 이야기꾼이 되었네?" 하며 감탄하는 아이도 있었다. 면지를 이용해 뒷이야기를 상상해보는 활동은 흥미를 유발하고 독서에 대한 동기부여를 해주기 좋은 활동이었다.

책 소개하는 캘린더북 만들기

늑대는 얼마 되지 않는 돈으로 자기만의 책 한 권을 사서 밤낮없이 정성껏 읽었다. 그러고는 예의바르게 농장 동물 친구들에게 가서 자신의 책을 읽어 주었다. 동물 친구들은 늑대에게 다음 이야기도 읽어달라고 졸랐다. 이 장면은 늑대가 재밌게 읽은 책을 친구들에게 소개해 주는 모습이기도 하다.

아이들도 늑대처럼 자신이 읽은 책 가운데 가장 재밌게 읽은 책의 제목

캘린더북 만들기

과 재밌게 읽은 이유를 활동지에 적고, 책을 소개하는 캘린더북을 만들었다. 캘린더북 만들기는 동그란 종이에 그림을 그린 후 삼각형으로 접은 활동지에 붙여서 색칠을 하면 되는 활동이다. 아이들이 무척 재밌어 하며 호응이 좋은 활동이었지만 아이들마다 편차가 있어서 종이를 잘못 붙이거나 재밌게 읽은 책이 기억이 안 난다고 울상인 아이들도 있었다. 그런 아이들에게는 서가에 가서 책을 다시 찾아보면 된다고 알려주어 캘린더북 만들기에 모두 빠짐없이 참여할 수 있도록 했다.

아이들이 자기가 만든 캘린더북 발표에 소극적일 줄 알았는데, 의외로 서로 발표하겠다고 경쟁하며 적극적인 모습을 보였다. 한 권의 그림책을 정독하고 자신이 재미있게 읽은 책을 소개하는 활동까지 하고 난 아이들은 수업시간에 읽은 책을 쉬는 시간에 다시 찾기도 했다. 저학년이 독서에 흥미를 가질 수 있도록 동기부여를 하는 수업 방법으로 그림책을 활용하는 것이 매우 효과적이다.

늑대는 학교와 도서관에 가서 공부도 하고 열심히 책을 읽었지만 농장의 동물 친구들에게 "좋아졌지만 아직 멀었어"라는 말을 들었다. 늑대는 서점에 가서 처음으로 자기만의 책 한 권을 사서 정성껏 읽고 그 책을 농장 친구들에게 소개하며 인정을 받는다.

이 장면을 보면서 든 생각은 '우리 아이들에게 처음으로 나만의 책 한 권을 갖게 해주는 연결고리가 바로 학교도서관이 아닐까' 하는 것이었다. 학교도서관에서는 다양한 책을 만나며 좋은 책을 선택하는 방법을 자연스럽게 체득하게 되고, 재미있는 책을 발견하게 된다. 책을 좋아하는 아이들은 독서행사나 강제로 내주는 독서감상문 과제가 없어도 스스로 적극적인 도서관 이용자가 되어 서가를 누빈다. 하지만 책 읽기에 관심이 없고 싫어하는 아이들은 다르다. 그런 아이들에게는 학교도서관 수업에서 책을 선택하는 방법과 읽는 방법을 교육해야 한다. 그것이 전제가 되었을 때 서점에서 자신의 용돈으로 '자기만의 책 한 권'을 사서 읽는 기쁨을 맛볼 수 있다. 이러한 변화는 아이들의 정서와 삶을 더욱 풍성하고 풍요롭게 만들어 줄 것이다.

학습지

☆ 알아보아요 ☆

1. "늑대"가 나오는 책제목이 떠오르나요? 책제목이나 이야기 속에 늑대가 나오는 책제목을 써보세요.

☺ 얼마나 알고 있나요! ☺

1. 늑대가 농장 동물 친구들에게 인정받기 위해 먼저 간 곳을 순서대로 번호를 써보세요.

도서관 (　)　　　　학교 (　)　　　　책방 (　)

2. 늑대가 동물들에게 인정받으려고 간 곳과 가서 한 행동을 바르게 연결해보세요.

도서관 ●	● 책을 사서 밤낮없이 열심히 읽었어요.
학　교 ●	● 먼지투성이 책들을 읽고 또 읽었어요.
책　방 ●	● 열심히 공부해서 일등을 했어요.

3. 늑대가 동물 친구들을 대하는 모습이 많이 달라졌어요. 처음 모습과 나중 모습이 어떻게 달라졌는지 아래 빈칸을 채워보세요.

- 처음 모습 : 동물 친구들을 □□로 생각했어요.
- 나중 모습 : 동물 친구들과 함께 □을 읽으며 □□가 되었어요.

4. 『난 무서운 늑대라구!』 표지를 넘기면 안쪽에 늑대의 모습이 보입니다. 이야기가 끝난 후 뒷면지의 늑대는 어떻게 되었을까요? 상상해서 그려보세요.

5. 『난 무서운 늑대라구!』에서 늑대는 책을 읽고 열심히 공부해서 달라졌어요. 우리가 책을 읽으면 좋은 점이 무엇일까요? **좋은 점 3가지**를 동그라미 안에 써보세요.

6. 늑대가 다른 동물들에게 책을 읽어주고 이야기를 나누는 친구가 되었어요. 내가 읽은 책 가운데 재미있게 읽은 좋은 책 2권을 친구들에게 소개해보세요.

소개하고 싶은 책 제목	소개하고 싶은 이유

| 중학년 |

주제별 책 읽기로 십진분류 이해하기

이윤희 용인 소현초 사서교사

학년 초에 실시하는 '도서관 이용수업'에서 1~2학년을 대상으로 도서관 이용 방법과 이용 예절을 가르친다면, 3~6학년에게는 독서교육종합지원시스템 활용법, 도서 주제별 청구기호 원리와 찾는 방법, 참고도서 활용법 등의 내용으로 수업을 한다. 도서관 이용수업이 대부분 학년 초에 진행되다 보니 학생들은 배운 내용을 잊어버려서 과제나 수업에 활용할 책을 찾지 못하는 경우가 종종 있다.

교육부에서 발표한 제3차 학교도서관진흥기본계획(2019~2023)에서는 독서교육, 정보활용교육과 더불어 학교도서관 활용 교육을 연간 학교교육계획에 반영하도록 했다. 교과 수업 중 학교급, 학년, 교과 학습과 관련된 독서활동의 운영, 교과연계 및 융합 수업에서의 적극적인 학교도서관 활용을 권장하고 있다. 이를 효과적으로 실현하기 위해서는 학교도서관 활용 수업을 형식적으로 편성할 것이 아니라 지속적이고 적극적으로 실시해야 할 것이다.

> **교과별 도서관 활용 수업 영역 예시**
> - 국어 : 독서 단원, 읽기자료 연계, 자료·정보 활용을 통한 문제 해결
> - 도덕 : 대화와 갈등 해결, 감정의 조절과 표현, 사이버윤리와 예절
> - 사회 : 자료·정보 활용을 통한 지식 정보 처리
> - 과학 : 자료·정보 활용을 통한 탐구·관찰
> - 미술 : 독서한 내용을 활용한 다양한 작품 표현 활동

소개하고자 하는 수업은 3학년을 대상으로 한 '주제별 책 읽기' 수업이다. 학생들이 주제별로 어떤 책이 있는지 알고 그 특징에 맞게 정보를 활용할 수 있는 능력을 기르기 위한 활동들로 수업을 계획했다. 한국십진분류에 따른 주제를 한 차시씩 편성해 10차시로 실시하였으며, 십진분류의 철학(100), 종교(200), 어학(700)은 제외했다.

1차시 도서관 이용법에 대한 수업 후에는 전시학습을 진행했는데, 항상 십진분류의 주제 확인으로 시작했다. 지난 시간에 배운 십진분류에는 어떤 주제의 책이 있었는지 십진분류표에 빈칸을 만들어 맞춰 보는 활동을 진행했다. 전시학습 확인이 끝나면 본 차시에서 배울 분류에는 어떤 주제들이 포함되어 있는지 안내하고, 우리 학교에는 어떤 책들을 소장하고 있는지 대표적인 책들을 소개하면서 어떻게 활용하면 좋은지 알려주었다. 기본적인 주제별 책 소개가 끝나면 본 차시에서 해결해야 할 과제와 활동지를 작성하는 방법을 설명해준 후 스스로 책을 찾아 읽고 과제를 해결하도록 했다. 조사하고 기록할 시간이 충분하지 않기 때문에 과제 해결 시에는 중요한 내용을 발췌해서 읽도록 했다.

3학년 주제별 책 읽기 수업 흐름

차시	학습 주제	주요 활동 내용	교과 연계	비고
1	도서관 이용법	- 도서관 이용법, 자료의 주제별 분류 및 위치 알기 - 독서교육종합지원시스템 이용법 알기		도서관 이용법
2	총류(000) 책 읽기	- 총류(000)에 속한 주제 및 책의 특징 알기 - 총류에 속한 책 찾아보기 · 새롭게 알게 된 사실(지식)을 간추려서 기록하기	『국어』3-1-5 중요한 내용을 적어요	조사학습 설명문 쓰기
3-4	사회과학(300) 책 읽기	- 사회과학(300)에 속한 주제 및 책의 특징 알기 - 모둠별로 조사할 조상들의 생활 모습에 대해 조사하기 · 의 : 신분별, 계절별 옷(옷감, 색) 조사 · 식 : 절기별, 지역별로 먹은 음식 조사 · 주 : 온돌 및 대청마루, 지역별 집 구조 조사	『사회』3-2-2 시대마다 다른 삶의 모습	조사학습 설명문 쓰기
5	자연과학(400) 책 읽기	- 자연과학(400)에 속한 주제 및 책의 특징 알기 - 동식물의 특징 조사하기	『과학』3-2-2 동물의 생활	조사학습 설명문 쓰기
6	기술과학(500) 책 읽기	- 기술과학(500)에 속한 주제 및 책의 특징 알기 · 자연과학과 기술과학의 다른 점 알기 - 환경을 보호할 수 있는 방법에 대해 조사하기 · 실천할 수 있는 환경보호 방법 조사하기 · 조사한 내용으로 환경보호 공익광고 만들기	『국어』3-1-8 의견이 있어요 『도덕』3-1-6 우리 모두를 위한 길	조사학습 광고 만들기
7	예술(600) 책 읽기	- 예술(600)에 속한 주제 및 책의 특징 알기 - 예술 분야(미술, 음악, 스포츠 등) 중 조사해 보고 싶은 주제를 선택해 조사한 후 나만의 사전 만들기		조사학습 설명문 글쓰기
8	문학(800) 책 읽기	- 문학(800)에 속한 주제 및 책의 특징 알기 - 『거울 보는 박쥐』를 읽고 토의하기 - 논제 : 나에 대한 편견을 가진 친구들을 어떻게 대할 것인가?(찬성과 반대로 옳고 그름을 논하지 않고 더 나은 방법을 생각해 봄)		독서토론 (토의)
9	역사, 지리, 위인(900) 책 읽기	- 역사, 지리, 위인(900)에 속한 주제 및 책의 특징 알기 - 위인전을 읽고 위인의 업적을 소개하는 기사문 쓰기	『국어』3-2-7 글을 읽고 소개해요	조사학습 기사문 쓰기
10	문학(800) 책 읽기	- 문학 책 읽고 찬반토론하기 - 『프레드릭』을 읽고 토론하기 - 논제 : 다른 생쥐들이 겨울 양식을 모을 때, 프레드릭만 다른 일을 한 것은 옳은 행동인가?		독서토론 (찬반토론)

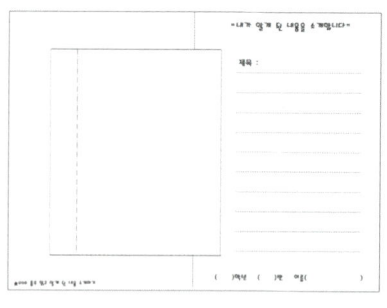
팝업북 만들기 양식

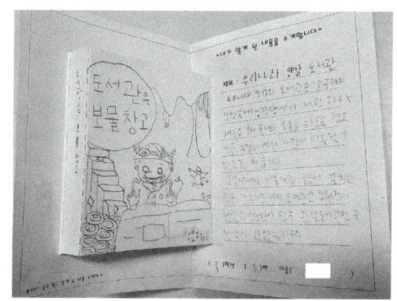
팝업북 만들기

000 총류, 팝업북 만들기

총류에는 광범위한 주제를 망라한 지식, 백과, 상식 등의 책들이 포함되어 있다. 도서관학, 서지학 등의 주제도 포함해 도서관 이용법에 대한 책도 찾아볼 수 있어 주제별 책읽기 수업에서 첫 번째로 다루기 적합한 주제 분류이다. 총류 책 읽기는 다양한 주제 중 알고 싶은 내용이 있는 책을 찾아 발췌해 읽은 후 내가 알게 된 지식을 소개하는 '팝업북' 만들기 활동으로 진행했다.

300 사회과학, 조상들의 의식주 생활 조사하기

사회과학 분야는 정치, 법, 사회문제, 민속학 등을 포함하고 있기 때문에 사회 교과와 연계해 활용하기 적합한 주제이다. 따라서 3학년 사회 교과서의 차례 부분을 보여주고 교과와 연계해 도서관에서 어떤 책을 찾아 읽으면 좋은지 안내했다. 3학년 2학기 사회 교과서에 조상들의 의식주 생활이 변화한 모습을 알아보는 단원이 나온다. 그 내용을 조사해볼 수 있는 주제 분류번호를 알려주고 조상들의 의식주 생활에 대해 조사하게 했다.

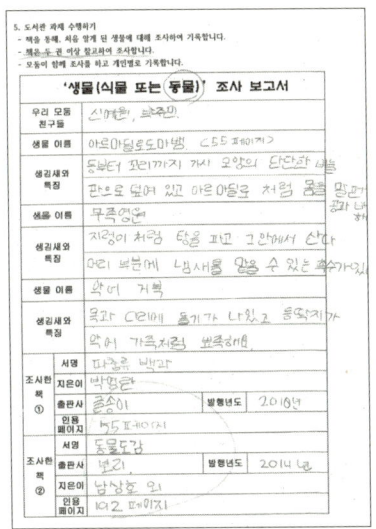

자연과학책 읽고 조사보고서 쓰기

400 자연과학, 생물 조사하기

자연과학 분야에는 학생들이 평소에도 즐겨 읽는 공룡이나 곤충에 관한 책뿐만 아니라 식물, 수학, 물리, 화학, 우주, 지구과학 등 과학교과와 연계해 활용하면 좋은 주제의 책들이 포함되어 있다. 3학년 교육과정에서는 물질, 동물의 한살이, 자석, 지구의 모습, 동물의 생활, 지표, 소리의 성질을 배운다. 이 중 3학년 학생들이 조사하기 쉬운 '동물의 한살이'를 주제로 조사활동을 하려고 계획했으나 동물도감 등 동물 한살이에 대해 조사할 책이 충분하지 않아 식물도 포함해 조사하게 했다.

500 기술과학, 공익광고 만들기

기술과학 분야는 '○○과학'이라는 명칭 때문에 학생들이 자연과학과 헷갈

학생이 만든 공익광고

려 하는 주제이다. 학생들에게 자연과학은 자연적으로 생긴 현상을 연구하는 과학이고 기술과학은 인간의 기술로 만들어진 과학이라고 설명해 주었다. 의학, 농업, 각종 공학(건설, 건축, 기계, 전기, 화학, 제조 등), 가정학(식품, 육아 등)의 주제가 포함되어 있는 분야로 인체, 농사, 건축, 기계(자동차, 비행기, 로봇 등), 환경, 요리책이 이 주제에 속해 있음을 알려주었다. 기술과학 분야의 책 읽기 과제로 공익광고의 특징과 예시 자료를 보여주고, 환경에 대한 책을 읽고 환경을 보호하는 방법을 알아 본 후 공익광고를 만들어 보는 활동을 했다. 학생들이 만든 공익광고는 학습실 앞에 전시해 서로 스티커를 붙이며 평가하는 시간도 가졌다.

600 예술, 나만의 예술 사전 만들기

예술 분야에는 건축술, 미술, 사진, 음악, 체육 등이 포함된다. 초등학생 아이들이 예술 분야에서 가장 많이 이용하는 책은 종이접기나 축구 관련 책이다. 종이접기 외에도 다양한 주제의 책들이 있음을 알려주고 관심이 가고 조사하고 싶은 주제를 정해 간단한 사전 만들기를 해 보았다. 학생들이 자유롭게 책을 골라 오게 한 후, 미술 분야 중 종이접기 책을 고르면 색종이를 나누어 주고, 실뜨기와 관련된 책을 골라 온 학생에게는 털실을 잘라

주어 직접 만들어볼 수 있게 했다.

800 문학, 책 읽고 친구들과 토론하기

문학 분야에는 학생들이 가장 많이 읽는 동화 외에도 시, 고전, 수필, 일기, 글짓기 방법 등의 주제가 포함되어 있다. 문학책을 소개할 때는 책의 청구기호가 작가의 국적과 성(family name)에 따라 결정된다는 것을 먼저 알려 주었다. 문학은 국어 수업 때 깊이 있게 배우기 때문에 도서관 활용 수업에서는 토론 활동을 2차시(8차시, 10차시)로 나누어서 해 보았다.

8차시에는 『거울 보는 박쥐』(스앤루, 고래이야기, 2009)를 함께 읽고 주인공에게 일어난 사건과 마음을 생각하며 이야기를 나누는 토의 형식으로 실시했다. 앞부분의 이야기만 들려준 후, 각자의 생각을 자유롭게 이야기해 보았다.

10차시에는 3학년 수준에서 찬반토론을 해볼 수 있는 『프레드릭』(레오 리오니, 시공주니어, 2013)을 함께 읽은 후, 논제를 정해 찬성과 반대의 의견으로 나누어 토론을 진행해 보았다.

900 역사(지리, 위인전), 위인전 읽고 기사문 써보기

역사 분야에는 세계사, 한국사 외에도 지리, 위인 등의 주제가 포함된다. 3학년 국어 교과에 위인전을 읽고 소개하는 글을 쓰는 내용이 나오기 때문에 이와 연계해 위인전을 읽은 후 기사문을 쓰는 활동을 해 보았다. 고학년들도 기사문 쓰기를 어려워해서 기사문 쓰는 방법을 먼저 알려 주었으며, 활동지에도 예시문을 넣어 주었다. 위인전은 진로교육과도 연계해 읽을 수 있다. 위인전을 보며 나의 미래를 잠시 상상해 보는 활동도 포함했다.

주제별 책 읽기 수업은 아이들에게 도서관에 다양한 주제의 책이 있으며, 그 책들이 교과 학습에 도움이 된다는 점을 알게 해준다. 도서관의 십진분류에 따른 책 읽기 활동을 통해 아이들은 교과 관련 배경지식을 쌓을 수 있고, 정보활용능력을 기를 수 있다. 아이들은 문학이나 학습만화 등 관심 있는 책만 계속 찾아서 읽는 경우가 많다. 이처럼 편식 독서를 하던 아이들이 도서관 수업을 통해 평소에 잘 읽지 않던 주제의 책을 읽고 조사한 후, 평소와 다른 주제의 서가에서도 책을 고르는 모습을 볼 수 있었다. 이러한 주제별 책 읽기 수업을 교과와 연계해 지속적으로 실시한다면 자기주도적 학습을 할 수 있고, 다양한 지식을 쌓는 데 도움을 줄 수 있을 것이다.

3부
도서관 독서수업

| 고학년 |

읽기 전략을 활용한 독서 교육 1

일반적 읽기 전략을 활용한 독서 교육

박순혜 서울 신용산초 사서교사

 학년이 올라갈수록 아이들은 도서관과 책에서 멀어진다. 그 이유는 무엇 때문일까? 독서력 때문이 아닐까? 읽어도 이해할 수 없고, 이해할 수 없으니 기억도 할 수 없고 재미도 없는 것이다. 그러나 학년이 올라갈수록 독서력에 대한 요구는 눈에 띄게 증가한다. 책에서 멀어지는 아이들에게는 독후활동이 아니라 읽는 과정, 읽는 방법에 대한 지도가 필요하다고 생각했다. "독서능력이란 어휘력이 아니라 사고력 차원의 능력이며, 낱말을 소리 내서 읽는 발음 능력이 아니라 글의 의미를 정확하게 파악해내는 능력"(크리스 토바니, 『아이의 인생을 바꾸는 독서법』, 53쪽)이기 때문이다.
 책 읽기를 즐기던 아이들이 책에서 멀어지는 이유가 읽는 방법을 모르기 때문이라 전제하고 수업을 계획했다. 아이들은 글자는 읽을 수 있으나 글을 읽지는 못하고, 글을 읽었으나 무슨 뜻인지 이해하지 못하고 내용을 기억하지 못하기도 한다. 책 읽기를 싫어하는 아이들을 살펴보면 어떻게 읽어야 할지 몰라서 글자 하나하나에만 함몰되어서 글 전체를 이해하는 데 어려움을 느끼는 것을 자주 볼 수 있다. 글자가 아닌 글을 읽기 위해서

5학년 일반적인 읽기 전략을 활용한 독서 수업 흐름

읽기 전략	수업 내용
1단계 : 목적을 가지고 읽기	수업 목표 : 목적을 가지고 읽을 때와 그렇지 않을 때의 차이를 이해하고, 목적을 가지고 읽기를 유도한다.
	1. 하루 동안 읽게 되는 모든 것에 대해 이야기하기 2. 읽는 것 중 필요한 것과 필요하지 않은 것 판단하기 3. 글을 읽는 목적에 대해 이야기해보기 4. 목적에 따라 읽기 연습하기
2단계 : 소리 내어 생각하기	수업 목표 : 글을 읽을 때 떠오르는 생각을 소리 내어 말함으로써 생각을 지나쳐버리지 않고 글의 이해도로 높인다.
	1. 소리 내어 생각하기 시범 보이기 2. 소리 내어 생각하기 약속 기호 설명하기 3. 읽기 자료를 읽으며 소리내어 생각해보기
3단계 : 어휘력 높이기	수업 목표: 글에서 모르는 낱말의 뜻을 문맥에서 찾아 뜻을 알고 짧은 글짓기를 할 수 있다.
	1. 예측하고 사전 찾아보기 2. 『낱말 수집가 맥스』 함께 읽기 3. 우리는 낱말 수집가 : 모르는 낱말을 찾아 뜻을 이해하고 짧은 글짓기하기

는 어떻게 해야 할까? 5학년 아이들과 진행한 독서수업은 세 가지 읽기 전략 '목적을 가지고 읽기, 소리 내어 생각하기, 어휘력 높이기'를 바탕으로 구성하고 진행해 보았다.

1단계   목적을 가지고 읽기

글을 읽을 때 목적을 가지고 읽을 때와 그렇지 않을 때 글을 이해하는 정도가 어떻게 다른지를 알아보았다. 혼자 읽을 때에도 목적을 가지고 읽을 수 있도록 유도한다.

1. 하루 동안 읽게 되는 모든 것에 대해 이야기하기

아침에 집을 나서면서부터 읽게 되는 모든 것에 대해 이야기한다. 책이나 교과서에 나와 있는 글이 아니더라도 우리는 하루 종일 다양한 글이나 숫자, 기호 등을 읽게 된다. 이렇게 우리가 하루 동안 읽게 되는 것들을 이야기해 봄으로써 일상생활 속에서 얼마나 많은 것들을 읽고 있는지 생각해 볼 수 있다. 간판, 영수증, 가정통신문 등에 쓰여 있는 글들은 각각 어떤 목적을 가지고 있고, 중요하게 다루는 내용은 무엇인지 이야기를 나눈다. 예컨대 아이들은 학교에서 자주 받는 가정통신문을 의도와 다르게 해석하는 경우가 종종 있다. 수업을 하는 시점과 가장 가까운 시일에 배부된 통신문이나 배부 예정인 통신문으로 수업을 진행하면 아이들의 관심도와 이해도를 높일 수 있다.

2. 읽은 것 중 필요한 것과 필요하지 않은 것 판단해보기

하루 동안 읽게 되는 수많은 글 중에서 우리에게 꼭 필요한 것과 필요하지 않은 것을 판단해보도록 한다. 간판, 가정통신문, 광고 전단지, 아파트 관리실 안내문 등 하루 동안 마주한 수많은 글들 중에서 읽어야 하는 것과 읽지 않아도 되는 것을 구분하는 기준에 대해 이야기를 나눈다.

3. 글을 읽는 목적에 대해 이야기해 보기

교과서와 책에 나와 있는 글뿐만 아니라 일상생활 속에서도 많은 것들을 읽고 정보를 취해야 하는 경우가 있다. 글을 왜 읽어야 하는지를 명확히 하고 나면 정보를 얻기가 더 쉬워진다는 것을 알 수 있었는지 생각을 나눈다.

　글을 읽는 이유에 대해서 많은 학생들이 '똑똑해지기 위해', '공부를 잘하기 위해', '지혜를 얻기 위해' 등 학교 공부와 관련된 이야기들을 많이 한다. 그러나 학교 공부와 상관없이 일상생활에서 간단하고 짧은 글을 읽고 해석해야 하는 일들이 많이 있다. 예를 들어 도서관에서 하는 독서캠프를 안내하는 가정통신문에 대해 아이들과 이야기해 보았다. 방학 중 학부모와 함께 하는 독서캠프에 학생 20명 모집, 신청기간은 일주일로 지정된 가정통신문을 함께 읽어 보고 두 가지 질문을 했다. 첫째, 캠프에 참여하는 사람의 수는 모두 몇 명일까? 둘째, 참가 신청은 언제 마감이 될까? 학생과 학부모가 함께 하는 프로그램이니까 캠프에 참여하는 사람은 모두 40명이고, 신청기간은 일주일이지만 인원이 한정되어 있으니 선착순 20명으로 마감이 될 수 있다는 뜻이다. 가정통신문에서 우리가 꼭 알아야 할 내용은 명확하다. 전하고자 하는 내용이 무엇인지를 정확하게 확인해서 읽어야 하는 글이기 때문이다.

4. 목적에 따라 읽기 연습하기

『아이의 인생을 바꾸는 독서법』(크리스 토바니, 리앤북스, 2005)에는 친구인 두 소년, 마크와 피트의 이야기가 나온다. 피트가 부모님이 집을 비운 마크의 집에 방문하는 장면에는 크고 호화로운 마크의 집 묘사가 잘 나와 있다. 이 부분을 발췌해 아이들에게 읽기 자료로 보여주며 함께 읽어 보았다. 그리고 도둑이 마크의 집에 몰래 들어갔을 경우와 부동산에서 마크의 집을 사려고 하는 사람이 방문했을 경우를 가정해, 도둑과 집을 사려는 사람이 각각 어떤 점을 눈여겨볼지에 대해 이야기를 나눠보았다. 해당 수업은 다음과 같은 순서로 진행했다.

① 읽기 자료를 읽으며 각자 중요하다고 생각하는 부분에 연필로 동그라미를 한다.
② 다시 한 번 읽으면서 이 집에 도둑이 들었을 경우 그 도둑이 눈여겨볼 만한 부분에 연두색 색연필로 색칠한다.
③ 세 번째로 다시 이 글을 읽고 이 집을 사려는 사람의 입장에서 중요하다고 생각되는 부분에 분홍색으로 색칠한다.
④ 도둑이 집에 들어갔을 때 눈여겨볼 만한 내용과 집을 사려는 사람이 중요하다고 생각할 만한 것을 각각 적어보고 왜 그 내용을 중요하다 생각하는지에 대해 이야기를 나눈다. 예컨대 집을 사려는 사람과 도둑 모두 중요하다 생각할 만한 내용이 있다면 그렇게 생각하는 이유가 무엇인지 서로 이야기해 본다.

과정 ③까지 하면 학생들에게서 "아~그렇구나!" 하면서 탄성이 터져 나온다. 목적을 가지고 글을 읽어야 하는 이유에 대해 특별히 설명하지 않아도 스스로 이해하고 습득하게 된다. 이렇게 수업하고 난 뒤에는 글을 읽는 동안 떠오르는 생각들을 체계화하고 통합할 수 있도록 도와주어야 한다. 학생들이 활동지에 정리한 내용은 다음과 같다.

도둑이 마크의 집에 들어갔을 때 눈여겨볼 만한 부분	마크의 집을 사려는 사람이 방문했을 때 중요하게 생각할 부분
• 마크의 집과 가장 가까운 집이 400미터 넘게 떨어져 있는 점, 주변에 이웃이 없는 점 • 온갖 도자기와 은제 식기, 유리잔 • 마크의 아버지가 수집한 유명 화가의 그림과 오래된 동전 • 마크의 아버지는 꽤 많은 돈을 책상 서랍 속에 넣어 둔다. • 보석이 들어 있는 안전금고	• 벽난로를 고쳐 벽돌을 새롭게 붙였다 • 앞문과 뒷문, 차고로 이어지는 옆문이 있어서 이동이 수월한 점 • 새롭게 페인트칠이 되어 있는 거실 벽 • 집들이 서로 멀리 떨어져 있어 소음이 적고 자유롭게 활동할 수 있는 점 • 새로 배관을 한 다음부터 습기가 차고 지저분해진 지하실 • 침실이 세 개 • 여동생 방에 새로 만들어준 화장실 • 물이 줄줄 새고 있는 마크 방의 천장

2단계 소리 내어 생각하기

우리는 글을 읽으며 많은 생각을 하지만, 그 생각들을 그냥 지나치거나 대수롭지 않게 여기곤 한다. 또는 글과는 전혀 상관없는 생각을 하기도 한다. 글을 읽으면서 그때그때 떠오르는 생각을 수시로 얘기를 하면 혼자 글을 읽으면서 글과 상관없는 상상이나 근거 없는 예측을 하는 경우를 줄일 수 있다. '소리 내어 생각하기(think aloud)'는 글을 읽으면서 생각나는 것을 그때그때 말하는 활동이다. 소리 내어 생각을 말하면, 아이들은 자신이 글을 읽으면서 무슨 생각을 하고 있는지 또 무엇을 하고 있는지, 사고가 어떻게 변화하는지를 음성으로 확인하는 효과가 있다. 우선 교사가 먼저 소리 내어 생각하기 시범을 보여주고, 아이들이 따라하도록 지도한다.

1. 배경지식 동원, 활용하며 읽기

'소리 내어 생각하기'는 글 읽기에 배경지식을 활용하는 데에도 효과적이다. 글을 읽기 전에 아이들에게 글의 내용과 관련된 정보를 먼저 이야기해준다. 저자, 글의 구성, 글의 주제 등과 관련해 미리 설명해주는 것이다.

1992년에 발표한 실벤(Silven)과 보라스(Vauras)의 연구 결과에 따르면, 글을 읽으면서 '소리 내어 생각하기' 훈련을 받은 아이들은 그렇지 않은 아이들보다 정보를 요약하는 능력이 훨씬 뛰어나다고 한다. 또한 소리 내어 생각하는 것이 익숙한 아이들은 어떤 결론을 낼 때 훨씬 덜 충동적이며, 글을 읽을 때도 한층 더 사려 깊으면서도 전략적인 접근 자세를 보인다고 한다.(『아이의 인생을 바꾸는 독서법』, 79쪽)

2. 소리 내어 생각하기 배우기

'소리 내어 생각하기'의 시범을 보일 때는 읽을거리를 파워포인트 자료로 만들어 화면에 띄우고 읽으면서 생각나는 것을 이야기하며 약속기호를 함께 보여준다. 시범을 보인 뒤에 약속기호에 대해 설명해준다. 아이들이 각자 소리 내어 생각하기를 연습하며 기호도 표시하도록 지도한다. 이를 통해 글을 읽으며 생각나는 것을 그냥 지나쳐 버리지 않고 집중할 수 있으며, 읽은 내용도 더 잘 기억하게 된다.

소리 내어 생각하기 약속기호

배	읽다 보니까 ___가 생각난다.	!	재미가 있네. / 관심이 생기네.
?	여기에서는 ___가 궁금해지네.	X	무슨 말이야? 이해가 되지 않아.

학습지에 제시된 읽기 자료를 읽으며 스스로 소리 내어 생각하기를 한다. 읽기 자료는 약속기호(배, !, ?, X)를 표시하고 자신의 생각을 적을 수 있는 여유 공간이 있도록 만드는 것이 좋다. 또한 학생들이 '소리 내어 생각하기 전략'을 익히기 쉽게 하기 위해 처음에는 가급적 짧고 이해하기 쉬운 글로 시작하는 것이 좋다.

3단계 | 어휘력 높이기

어휘력 높이기 수업은 "글에서 모르는 낱말이 나오면 문맥에 따라 뜻을 유추하고 이를 활용해 짧은 글짓기를 할 수 있는 것"을 목표로 한다. 모르는 낱말을 찾고, 낱말카드를 만들고, 문맥에 따라 뜻을 예측해보고, 사전을 찾아 확인하는 과정에서 어휘력이 자연스레 높아진다.

1. 뜻을 예측하고 사전 찾아보기

예측하고 사전 찾기 활동 방법은 다음과 같다.

① 먼저 읽은 책이나 글에서 모르는 단어에 밑줄을 긋는다.
② 선생님이 나눠준 낱말카드 앞면에 모르는 단어를 쓴다.
③ 뒷면에는 글의 앞뒤 문맥을 보며 뜻을 예측해보고, 예측한 뜻과 비슷한 단어를 적는다.
④ 예측한 뜻의 단어를 밑줄 그은 단어 대신에 넣어 문장이 말이 되는지, 뜻이 통하는지 확인해 본다.
⑤ 사전을 찾아 모르는 단어의 정확한 뜻을 뒷면 아랫줄에 적어두고 앞면 아래 칸에는 새롭게 뜻을 알게 된 단어를 넣어 짧은 문장을 적어본다.

아이들과 함께 아래의 문장을 읽고, 모르는 단어에 밑줄을 그어보라고 했다. 아이들은 대부분 '새경'이라는 단어의 뜻을 모르겠다고 했다.

> 김부자는 돌쇠 아버지를 30년 동안 머슴으로 부려먹었습니다. 그러고는 <u>새경</u>이랍시고 내놓은 것이 풀 한 포기 자라지 않는 돌밭이었습니다.
>
> – 『똥벼락』(김회경 글, 사계절, 2001)

그렇다면 '새경'을 낱말카드 앞면에 적고, 뒷면에는 문맥을 살펴보고 예측한 뜻과 비슷한 단어를 적는다. '머슴'이라는 단어와 '돌밭'이 새경이었다는 내용으로 보아 일을 하고 받은 것이니 '월급', '봉급', '아르바이트비' 등의 뜻일 거라고 아이들은 예측했다. 뒷면에 예측한 단어를 적고, 책 속 문장에 '새경' 대신 넣어서 읽어본다. "김부자는 돌쇠 아버지를 30년 동안 머슴으로 부려먹었습니다. 그러고는 '월급'이랍시고 내놓은 것이 풀 한 포기 자라지 않는 돌밭이었습니다." 예측이 끝나면 사전에서 정확한 뜻을 찾아 뒷면 아래 칸에 적는다. 이런 과정을 통해 뜻을 알게 된 단어를 이용해 짧은 문장을 만들어서 낱말카드 앞면 아래 칸에 적는다. 단어를 활용해 짧은 문장을 만들 때는 책을 읽고 난 느낌을 담을 수 있도록 지도하면 "새경을 떼먹으려 한 김부자는 나쁜 사람이다", "돌밭을 새경으로 받은 돌쇠 아버지는 얼마나 속상했을까?"와 같이 한 줄 감상이 되기도 한다.

모르는 단어	새경
활용	새경을 떼먹으려 한 김부자는 나쁜 사람이다.

앞면

예측한 뜻	월급
예측한 뜻 문장에 넣어 읽어 보기	김부자는 돌쇠 아버지를 30년 동안 머슴으로 부려먹었습니다. 그러고는 월급이랍시고 내놓은 것이 풀 한 포기 자라지 않는 돌밭이었습니다.
사전에서 찾은 뜻	머슴이 주인에게서 한 해 동안 일한 대가로 받는 돈이나 물건

뒷면

2. 우리는 낱말 수집가

『낱말 수집가 맥스』(케이트 뱅크스, 보물창고, 2008)를 아이들과 함께 읽었다. 맥스의 형들은 수집광이다. 벤저민은 우표를 모으고, 칼은 동전을 모은다. 맥스도 형들을 따라 무언가 모을 것을 생각하다 짧은 낱말들을 모으기 시작했고, 모은 낱말들을 가지고 이야기를 만들었다. 우리도 맥스처럼 낱말을 수집해서 이야기를 만들어 보자고 아이들에게 제안했다. 책 속의 모르는 낱말을 찾아 뜻을 이해하고 짧은 글짓기를 하는 '우리는 낱말 수집가' 활동을 해 보았다. 활동 과정은 다음과 같다.

① **낱말 모으기** : 글을 읽으며 모르는 낱말에 밑줄을 긋고, 각자 밑줄을 그은 낱말을 두 개씩 낱말카드 앞면에 옮겨 적는다. 이때 모둠원끼리 서로 다른 글을 읽어 고른 단어가 겹치지 않도록 한다.

② **낱말 뜻 알기** : 모르는 낱말은 카드의 앞면에 적고, 낱말의 뜻은 글(문맥)과 사전에서 찾아 낱말카드 뒷면에 적는다.

③ **모둠 낱말** : 모둠원 각자 작성한 낱말카드를 한데 모은다.

④ **나는 낱말 수집가** : 모둠에서 모은 낱말들을 이용해 짧은 문장을 만든다.

⑤ **가장 멋진 낱말 수집가는?** : 모둠별로 만든 카드를 교실 뒤편에 전시하고 각자 생각하기에 가장 멋진 낱말 수집가 카드에 스티커를 붙인다.

낱말 모으기

신기전
거중기

낱말 뜻 알기

예전에 화약을 장치하거나 불을 달아 쓰던 화살. 신호용으로 사용했다.
조선시대에 무거운 물건을 들어 올리던 기계이다.

나는 낱말 수집가

군인들도 칼을 들고 다녔던 조선시대에 로켓의 원리를 이용한 무기 <u>신기전</u>으로 전쟁을 했다는 것이 정말 놀랍다. 그런데 우리나라 전통과학에 대해 알아보다가 갑자기 새로운 궁금증이 생겼다. 이집트 사람들도 피라미드를 만들 때 <u>거중기</u> 같은 과학적인 도구를 사용했는지 궁금하다.

낱말 수집가 카드

| 고학년 |

읽기 전략을 활용한 독서 교육 2

갈래별 읽기 전략을 활용한 독서수업

박순혜 서울 신용산초 사서교사

'일반적 읽기 전략'을 활용한 읽기 수업을 한 후에는, '갈래별 읽기 전략'을 활용하는 방법에 대해 지도한다. 5학년 아이들과 함께 '다문화'라는 대주제에 관해 창작동화, 역사동화, 사회책, 과학책, 정보책 등 갈래별 독서를 하고 갈래별로 독서법이 어떻게 달라지는지 알아보았다.

   어떤 책이든 처음부터 끝까지 모두 읽어야 한다고 생각하거나, 본문만 중요하게 생각하거나, 읽고는 있으나 이해하지 못하고 기계적으로 글자를 읽어 내리거나, 내용은 이해하지만 수박 겉핥기로 이해하는 등 저마다 다른 읽기 능력을 가진 아이들이 수업을 통해 책 읽기 방법을 쉽게 이해하고, 책을 즐겁게 읽을 수 있도록 하는 것이 수업의 목표였다.

5학년 갈래별 읽기 전략을 활용한 독서 수업 흐름

책의 갈래	수업 내용
창작동화	읽기 자료 : 『이모의 결혼식』 - 책 읽기를 통해 주제 파악하기 - 지은이의 의도를 살피며 주제 파악하기 - 내용을 바탕으로 배경지식 활황
정보책	읽기 자료 : 『지구마을 어린이 요리책』 - 글의 종류 생각해보기 - 정보글을 읽는 목적 상기하기 - 정보글의 구조 파악하기 연습 - 책 훑어보기 - 책의 구조 살피기 - 정보정리 기준을 정해서 정보책 만들기
역사동화	읽기 자료 : 『바람의 아이』 - 역사드라마를 보고 역사와 드라마의 관련성을 생각해보기 - 책 읽기 순서를 지켜 책 읽기 - 지은이의 말을 읽으며 지은이의 의도를 생각해보기 - 역사동화 속 사실과 허구 찾기
인물 이야기	읽기 자료 : 『고정욱 선생님이 들려주는 장영실』 - 위인전이란 무엇인지 배우기 - 책 읽기 - 차례 읽기와 본문 읽기 - 같은 시대에 살았던 인물 찾아보기
사회책, 과학책	읽기 자료 : 『차이』, 『세포여행』 - 사회책, 과학책이란 무엇인지 배우기 - 주제와의 관련성 살펴보기 - 내용 예측하기 - 궁금한 내용에 대해서 자료 찾아보기

1   주제에 대해 생각해 보기

갈래별 책읽기 수업을 처음 시작했을 때 근무했던 학교는 다문화 가정의 아이들이 많은 학교였다. 동남아시아 출신이나 중국인 어머니를 둔 아이들이 많았는데, 엄마가 다른 나라 사람이라는 이유로 친구들에게 놀림을 받는 경우를 자주 목격할 수 있었다. 환경에 의해 가치관이 형성되고 말과 행동을 배우는 초등학생들이 어른들의 편견을 그대로 배우는 듯해 안타까웠고, 다문화에 대해 다시 생각하고 싶은 마음에 이 주제를 정했다.

'다문화'라고 하면 아이들은 보통 다문화 가족만 떠올리는 경우가 많다. 아이들이 다문화에 대해 더 넓게 생각할 수 있도록 다문화의 다양한 범주에 대해 설명하고 앞으로 함께 읽을 책들에 대한 정보를 전달했다.

자신의 생각을 이야기하고 개념지도 그리기

다문화를 '가족', '문화', '인종', '소외된 사람'으로 범주를 나누어 생각해 보고 개념지도를 그리는 활동을 했다. '가족'의 범주에서는 대가족, 핵가족, 입양가족 등 다양한 가족의 형태에 대해 이야기해 보았다. '문화'의 범주에는 나라나 인종 간의 문화나 우리나라 각 지방의 문화를 예로 들어 이야기해 보았다. 또한 제사, 부모와 자녀간의 관계 등 각 집안의 문화에 대해서도 이야기하면서 서로의 차이를 확인할 수 있었다. '소외된 사람'의 범주에서는 장애인이나 여성 등 우리나라 안에서 상대적으로 소외되어 있는 사람들이 누구인지에 대해 이야기해 보았다. 학생들은 선생님, 친구들과 나눈 대화를 바탕으로 개념지도를 채우며 다문화의 범주를 좀 더 넓게 생각할 수 있었다.

다문화 범주를 넓히는 활동을 한 후 앞으로 읽을 책을 소개했다. 수업

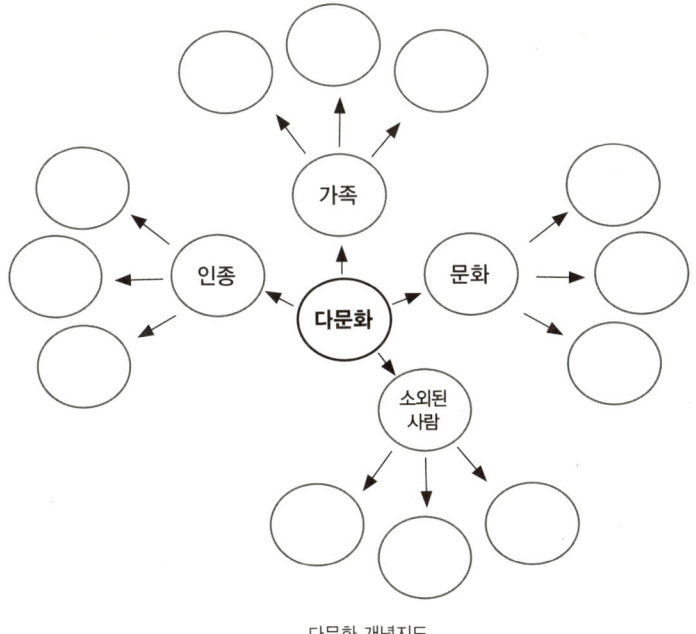

다문화 개념지도

중에 읽을 책은 '다문화'라는 주제와 관련이 있으면서 분량이 적은 것으로 선정해 함께 읽었다.

> **Tip** 갈래별 책 읽기에서 주의할 점
>
> 갈래별로 책을 읽을 때는 책마다 읽는 순서를 항상 상기하고, 작가의 말과 머리말은 같은 것인지 다른 것인지, 지은이의 의도를 알 수 있는 부분은 어느 부분인지 생각을 나누고 책을 읽는 것이 좋다.

2 창작동화 읽기

창작동화 읽기 수업은 1. 책 읽기를 통해 주제 파악하기 2. 지은이의 의도를 살피며 주제 파악하기 3. 내용을 바탕으로 배경지식 확장하기 순서대로 진행했다.

책을 읽기 전 표지와 면지를 보며 생각해 보고, 글쓴이에 대해서도 알아본다. 본문을 함께 읽는데 교사가 먼저 소리 내어 생각하며 읽은 뒤 학생들이 소리 내어 읽을 수 있도록 한다. 책을 읽고 나면 주인공에게 일어난 일을 순서대로 이야기한 뒤, 중요한 사건을 위주로 사건 구슬을 꿰어 줄거리를 요약하게 한다. 이렇게 내용을 파악하면서 작가가 이 책을 쓴 이유를 생각해 보도록 한다.

창작동화 읽기 방법
1. 글쓴이가 누구이며, 어떤 의도로 글을 썼을까 생각해본다.
2. 공간적, 시간적 배경을 살피며 읽는다.
3. 주인공에게 벌어진 사건을 중심으로 줄거리를 간추린다.
4. 만약에 나라면 어떻게 했을지 생각해본다.
5. 글쓴이가 전달하려는 주제가 무엇인지 생각해본다.

---

1. 함께 책 읽기

『이모의 결혼식』(선현경, 비룡소, 2004)은 서로 다른 나라 사람의 결혼을 어린이의 시각으로 담백하게 풀어낸 그림책이다. 드레스를 입을 생각으로 들떠 있는 주인공 아이가 결혼식 참석을 위해 그리스 크레타 섬까지 가면서 겪는 문화 체험, 그동안 보았던 결혼식과 다른 풍경, 생경한 외모에 말이

통하지 않는 이모부의 반응 등에서 다문화를 주제로 이야기해볼 수 있는 있는 내용이 많다. 다문화 하면 가장 먼저 떠올리는 국제결혼을 다룬 창작동화이며, 다른 문화를 만났을 때 느끼는 것들을 어린이의 시선으로 그려낸 그림책이라는 점 때문에 선택했다.

책을 함께 읽고 난 뒤에 우리나라의 일반적인 결혼식부터 전통결혼식, 결혼식 참석 경험, 해외여행 경험까지 자유롭게 이야기를 나눴다.

2. 자유롭게 이야기 나누기

이모와 이모부가 한국에서 결혼식을 올릴 때 외국인에게 생소한 결혼식 후 절하기에서 이모부는 우스꽝스러운 몸짓을 한다. 이 장면에서 대부분의 아이들이 웃음을 터뜨렸다. 이 대목에서 아이들에게 질문을 했다.

"우리가 익숙하지 않은 일에 실수를 했을 때 다른 나라 사람들이 웃는다면 어떤 느낌이 들까?" 이 질문에 눈동자가 많이 흔들리거나 화를 내는 친구들도 있었는데, 이런 상황에 처한 경험이 있는지에 대해 먼저 이야기를 해 보았다. 여행지 음식점에서 크기가 작은 음식을 손으로 집어 먹었더니 이상한 시선을 던지며 자기들끼리 속닥거리는 현지인을 만났던 경험, 동양인이 거의 없는 도시에서 구경하듯이 쳐다보던 서양 아이에 대한 기억, 갑자기 "재패니즈 고 홈"이라고 큰 소리로 외치는 사람을 만났던 기억, 극장에서 영화를 보는데 의자를 발로 차며 "니네 나라로 돌아가"라는 말을 들었던 경험 등 다양한 사례들이 나왔다. 경험을 이야기한 친구들은 그때 어떤 생각이 들었는지 친구들에게 전하고, 이야기를 들은 친구들은 나라면 그 상황에서 어떤 생각이 들지, 어떤 마음이 될지에 대해 이야기해 보았다. 기분 나쁘고 속상하고 그렇게 말하면 안 된다고 나쁜 사람들이라고 말해주고 싶지만, 그냥 참을 수밖에 없었던 상황을 우리도 만들어내고 있지는 않을까. 우리나라에서 만나는 외국인들, 외국인 부모를 둔 친구를 대할 때 내 모습은 어땠는지, 나의 말과 행동이 어떤 결과를 낳았을지에 대해서도 돌아보는 시간이었다.

낯선 그리스 음식들이 나오는 부분에서는 베트남 쌀국수, 중국 당면, 태국 똠얌꿍 등 대중화되어 있는 외국 음식을 먹어본 경험을 이야기했다. 식재료, 식기, 먹는 방법 등 얼마나 다른 부분이 있는지에 대해 서로 이야기를 나누었다. 음식과 식사예절은 다음 정보책에서 다룰 예정이라 간단하게 나라마다 식사 예절이 다르다는 사실만 짚어 보았다.

가족이 된 뒤에도 여전히 낯설고 말이 통하지 않지만 다시 만났을 때 주인공이 느꼈던 감정은 어떤 것인지에 대해서도 이야기해 보았다. 이렇게 그림책이나 동화책을 읽을 때에는 주인공이 겪는 이야기를 자신의 이야기처럼 감정이입을 하거나 주인공이 문제를 해결해 나가는 과정을 통해 자기라면 어떻게 했을지 생각해볼 수 있도록 한다.

3 정보책 읽기

정보책을 읽을 때는 구조를 파악해야 한다. 정보 글의 작가는 자신이 전달하고자 하는 정보를 읽는 이가 잘 이해할 수 있도록 내용을 구조화해서 글을 쓰기 때문에 독자 역시 구조를 파악하며 정리해 읽을 필요가 있다. '그래픽 조직자(Graphic Organizer)'라는 학습방법이 있다. 글 내용간의 관계를 그림이나 표 등으로 일목요연하게 나타낸 것을 말하는데, 상위 개념과 하위 개념의 관계를 한눈에 볼 수 있어 전체 구조를 파악하는 데 매우 유용하다. 학생들과 함께 그래픽 조직자를 이용해 글의 구조를 분석하며 함께 책을 읽어 보았다. 수업에서 『지구마을 어린이 요리책』(소냐 플로토 슈탐멘, 한

겨레아이들, 2009)을 읽기로 했다.

이 책은 어른들을 위한 정보책이 아니라 각 나라 어린이들이 집에서 자주 먹는 음식과 예절에 대해 다루고 있어 친근감도 들고 지식을 전달하는 어려운 책이라 여겨지지 않기 때문에 적합한 도서라 판단했다.

> **정보책 읽기 방법**
> 1. 왜 읽는지 목적을 정한다.
> 2. 글의 구조를 파악하며 읽는다.
> 3. 글쓴이가 말하고자 하는 핵심 내용이 무엇인지 파악하며 읽는다.
> 4. 읽으면서 알게 된 정보를 구조화한다.
> 5. 더 알고 싶은 것이나 궁금한 것이 있다면 다른 자료를 찾아본다.

1. 정보책을 읽는 순서

① **글의 종류 생각해보기** : 이 책이 십진분류 중 어디에 속하는지, 글의 갈래는 어디에 속하는지에 대해 이야기해 본다. '다문화'라는 대주제와 연결해서 선정한 책을 읽는 이유를 생각해 보도록 한다.

② **설명글을 읽는 목적 상기하기** : 일상생활 속에서 많이 접하게 되는 설명글을 읽는 목적은 새로운 지식이나 정보를 알기 위함이다. 그러므로 무엇에 관한 이야기인가를 파악하는 것이 중요한데 먼저 글의 제목을 살펴보는 것이 좋다. 설명글은 제목에 주제가 잘 나타나 있기 때문이다. 설명글을 읽을 때는 머리말과 차례 등을 먼저 살펴보고 각 문단에서 중심문장을 찾는 것이 중요하다.

③ **정보글의 구조 파악하는 연습하기** : 수업에서 읽게 될 책의 구조를 파악하기 전에 정보글의 구조 파악하기 연습을 한다. 그래픽 조직자를 이용해 비

교와 대조, 원인과 결과, 개념 정의와 예시를 파악하는 연습을 해 본다. 이 밖에도 문제와 해결, 시간과 공간, 분류와 분석 등 다양한 종류의 구조가 있으므로 다양하게 시도해볼 수 있다.

④ **책 훑어보기**: 표지와 지은이의 말, 차례를 먼저 읽고 책 내용을 전체적으로 훑어 읽어 내용을 파악해 본다.

⑤ **책의 구조 살피기**: 책의 전체적인 구조를 파악, 정리하는 과정이다. 차례를 보며 구조를 파악하도록 유도한다. 그래픽 조직자를 어떻게 그려야 하는지 학생들 스스로 해본 뒤에 교사가 만든 표를 제시하는 것이 좋다.

⑥ **정보정리 기준을 정해서 '8쪽 정보책' 만들기**: 스스로 기준을 정해서 8쪽 정보책을 만든다. 기준을 정하지 못하는 경우에는 다음과 같은 예시를 힌트로 주기도 한다.
- 세계 요리라는 큰 범주에서 대륙별 요리 특징 정리
- 아시아나 유럽, 아프리카 등에서 특정 대륙의 요리의 특징 정리
- 특정한 나라의 요리 특징 정리

2. 책을 읽고 지역별 음식 문화 이해하기

아이들은 이미 지역의 기후와 특성에 따라 먹는 음식이 달라진다는 것을 대부분 알고 있었다. 우리나라 안에서도 산촌, 어촌, 농촌 등 지역에 따라 다른 음식문화가 있다는 것을 사회 시간에 배우고 있기 때문이다.

『지구마을 어린이 요리책』의 면지는 다양한 문양의 네모 무늬를 이어붙인 모습이다. 면지에서 이미 다양성을 보여준다는 생각에 면지부터 읽었다. 본문으로 들어가기 전에 "작가는 면지를 왜 이렇게 만들었을까?", "이 책에서 하고 싶은 이야기는 무엇일까?", "사서선생님은 왜 면지를 보며 이야기를 나누어보자고 하는 것일까?"라는 질문과 함께 면지 읽기를 했다.

처음에는 낯설어 하던 아이들도 면지에 작가의 의도가 있을 거라고 이해하고 그 의도를 읽어보려고 노력했다. '그냥 예쁘게 만들려고', '자기가 좋아하는 색을 모두 쓰고 싶어서' 등의 엉뚱한 답도 나왔지만 책의 제목과 연관지어 지구마을 여러 나라의 다양한 음식에 대해 이야기하려고 면지를 다양한 색깔과 무늬로 만들었을 거라고 예측하는 친구들이 많았다. 면지에 있는 네모의 크기가 모두 같은 것은 책에 나오는 나라와 음식 중 어떤 특정한 것이 중요하거나 훌륭한 것이 아니라 모두 똑같다고 표현하고 싶어서라는 대답도 나왔다.

면지 읽기를 한 후에는 머리말을 꼼꼼히 읽고 책에서 이야기하고자 하는 것이 무엇인지에 대해 생각해 보는 시간을 가졌다. 대부분의 아이들이 머리말에서 뽑은 가장 중요한 문장은 "어떤 곳에서 나쁜 식사 예절이 다른 어떤 곳에서는 좋은 예절이 되기도 해"였다.

머리말 읽기까지 마치면 본문은 모둠별로 정리할 수 있도록 했다. 본문 내용은 아시아, 유럽, 아프리카, 아메리카, 오세아니아 5개 대륙 35개 나라의 어린이들이 음식문화와 식사예절, 좋아하는 요리에 대한 이야기를 하고 있다. 모둠별로 정리할 대륙을 정해주고, 각 대륙마다 음식과 관련된 특징과 나라별 음식과 식사예절을 정리하도록 했다. 모둠별로 상의하고 내용을 정리하면서 대륙별, 나라별 특징을 알게 되고 문화의 차이를 알게 됐다.

4 역사동화 읽기

역사동화는 시대적 배경을 알고, 동화의 내용 중 역사적 사실과 허구를 구별하고, 지은이의 의도를 생각하며 읽는 것이 중요하다. 많은 사람들이 역사 드라마를 보며 그 내용을 사실로 여기는 경우가 많은데, 실제로 역사를 바탕으로 극적인 구성을 위해 허구의 인물이나 사건을 지어내는 경우가 많다. 이러한 점은 역사동화와 같다.

'다문화'를 주제로 함께 읽는 역사동화로『바람의 아이』(한석청, 푸른책들, 2006)를 선택한 이유는 우리 땅에 살았던 다양한 부족 소년들의 이야기가 담긴 동화이기 때문이다. 지은이의 말에 의하면 우리 겨레는 북방 몽골리안 계통의 많은 부족들이 역사의 소용돌이 속에서 모이고 흩어짐을 거듭하며 형성되었으며 거기에 남방계통 몽골리안과 여러 갈래의 족속이 합류했다고 한다. 동화는 널븐산성에서 온 예맥족 슬이, 백산 말갈족 미루, 흑수 말갈족 퉁개가 의형제를 맺고 당나라에 맞서 새로운 나라 발해를 세우는 데 힘을 모으는 이야기이다. 오랜 기간 한겨레와는 다른 족속으로 생각했던 말갈족 소년들 이야기를 통해, 아주 먼 옛날부터 우리나라가 여러 부족이 함께 어울려 세운 나라였음을 알 수 있다.

역사동화 읽기 방법
1. 언제 일어난 일에 대한 것인지 생각하며 파악하며 읽는다.
2. 역사적 사건과 이야기 속의 사건을 비교하며 읽는다.
3. 역사 속 실제 인물과 소설의 재미를 위해 만들어진 인물을 구별하며 읽는다.
4. 작가가 독자에게 전하려는 의도가 무엇인지 찾아가며 읽는다.

---

1. 역사드라마 동영상을 보고 역사와 드라마의 관련성을 생각해보기

TV에서 역사드라마가 방영되고 인기가 많아지면, 우후죽순으로 학습만화와 역사동화가 쏟아져 나오고 이렇게 나온 책과 역사드라마를 보고 실제 역사로 믿는 경우를 자주 보았다. 이것이 안타까워 역사동화로 시작한 수업은 역사드라마까지 이어졌다.

  역사드라마는 역사적 사실을 바탕으로 제작되는 것은 맞다. 기록에 있는 사건과 인물들이 등장하고 감수를 통해 그 당시에 있었을 법한 이야기들을 그려내고 있다. 그러나 드라마의 모든 인물과 사건이 역사의 기록을 그대로 따르는 것은 아니다. 2019년에 방영된 SBS드라마 〈해치〉의 경우에도 소현세자의 손자인 '밀풍군 탄'이 역사 기록과 많이 다르게 그려졌다. 밀풍군이 드라마에서는 싸이코패스 살인마의 모습으로 나오지만, 여러 실록의 기록에 의하면 전혀 다른 인물이었고 본인의 의지와 상관없이 주변에 휩쓸리는 삶을 살았다고 한다. 또한 등장인물들이 서로 주고받는 이야기들, 특히 양반이나 높은 벼슬아치들이 아닌 일반 평민이나 노비들이 서로 주고받는 이야기나 관계는 기록에 없기에 모두 작가가 지어낸 이야기들이다.

  드라마뿐만 아니라 역사동화에서도 역사적 사실과 허구를 구별해야 한다. 다문화를 주제로 함께 읽은 역사동화 『바람의 아이』에는 예맥족 슬이와 백산 말갈족 미루, 흑수 말갈족 통개 등 세 소년을 중심으로 이야기가 펼쳐진다. 이 세 소년과 함께 지내는 주금도사, 산적 아금치 대장은 실제 역사 속 인물인지 허구의 인물인지 구별해보는 활동을 했다. 보통 역사 기록은 나라를 세운 영웅이나 큰 업적을 이룬 인물을 중심으로 서술되고 있다. 그렇다면 동화의 중심 인물과 그들이 겪게 되는 사건들은 작가의 상상으로 만들어낸 허구일까, 실제 역사에서 일어난 일일까? 역사 기록에 나와 있지 않다고 해서 허구라고 단정지을 수 있는지에 대해서도 이야기를 해보았다. 역사동화와 실제 역사를 비교해보는 활동을 하면서 작가가 우리에게 전달하고자 했던 내용은 무엇인지에 대해서도 다양한 이야기를 나눠볼 수 있었다.

2. 지은이의 말을 읽으며 지은이의 의도를 생각해보기

역사동화를 읽을 때는 지은이의 의도를 생각해 보며 읽는다. 지은이의 의도를 생각하며 읽는 방법은 다음과 같다.

먼저 작가의 말에는 동그라미를 하고 장소에는 네모, 일어난 일(사건)에는 밑줄을 치며 읽는다. 작가의 의도를 알 수 있는 구절이나 문단을 찾아보고 함께 이야기를 나눈다. 다문화를 주제로 『바람의 아이』를 읽었다면 이 책이 주제와 어떤 관련이 있을까도 이야기를 나눈다. 역사드라마에서 사실과 사실이 아닌 부분이 나오듯이 역사동화에도 사실과 허구를 찾고 서로 이야기를 나누며 마무리한다.

5 인물 이야기 읽기

인물 이야기가 무엇인지 알고, 그 시대적 배경을 파악하고 읽을 수 있어야 한다. 학생들이 잘 알고 있는 조선시대 과학자 장영실의 이야기를 통해 다문화 가정이 현대에 등장한 가족의 형태가 아닌, 아주 오랜 옛날에도 존재했음을 알고 아이들이 다문화 가정에 대해 수용적인 태도를 가지는 것을 목표로 책을 읽었다. 또한 장영실과 비슷한 시대의 서양에는 어떤 인물(구텐베르크)이 있었는지 찾아보고, 두 인물의 비교를 통해 시대적 배경과 업적, 현재에 미친 영향 등에 대해 생각해 보았다.

『고정욱 선생님이 들려주는 장영실』(고정욱, 산하, 2002)의 작가의 말에 의하면 장영실의 아버지는 원나라 소항주 출신의 귀화인이었다. 원나라가 망하고 명나라가 기세를 올리던 때였는데 중국 왕조의 흥망에 따라 수많은 망명객들이 조선으로 몰려오곤 했다고 한다. 장영실의 아버지도 그런 사람들 틈에 끼어 조선에 들어왔으리라 짐작된다. 또한 『조선왕조실록』에 따르면 어머니가 동래현의 기생 즉, 관기(官妓)였으므로 관청에 소속된 관노였다고 한다. 조선 시대에 장영실의 아버지는 귀화한 중국인, 어머니는 조선인인 다문화 가정이었다.

> **인물 이야기 읽기 방법**
> 1. 인물이 살았던 시대적 배경을 안다.
> 2. 인물의 성품이나 업적에 영향을 준 인물은 누구인지 살피며 읽는다.
> 3. 인물이 겪은 어려움과 극복 과정을 찾으며 읽는다.
> 4. 인물이 남긴 업적을 찾으며 읽는다.
> 5. 인물이 현재 어떤 영향을 미쳤는지 생각해본다.

1. 위인전이란 무엇인가?

'위인전'과 '인물 이야기'는 같은 뜻인지 아닌지, 인물 이야기를 읽는 태도 등에 대해 생각하고 이야기를 나눈다.

2. 차례 읽기와 본문 읽기

차례를 읽고 책의 내용을 예측해 보기도 하고 다 읽고 난 뒤에 내용을 다시 생각하거나 정리하는데 책의 차례를 어떻게 활용하면 좋은지에 대해 이야기를 나눈다.

3. 우리는 같은 시대에 살았어요

그 인물과 같은 시기에 살았던 인물은 누가 있는지 생각해 보도록 한다. 학생 스스로 동시대의 인물을 찾아볼 수 있도록 수업 시간 한 차시 전에 미리 공지하는데, 인물이 살았던 시대에 대한 정보를 주는 것이 좋다. 읽고 있는 책에서 어느 부분을 읽어보는 것이 좋은지, 인터넷 활용은 어떻게 하는 것이 좋은지 등에 대해 알려준 뒤 수업을 진행한다.

6 사회책, 과학책 읽기

사회책이나 과학책과 같이 지식이나 정보 전달을 목적으로 하는 책을 읽을 때는 전달하고자 하는 정보가 무엇이며 어떤 방법으로 전달하고 있는지에 관심을 기울이며 읽어야 한다.

『차이』(로라 자페 외, 푸른숲주니어, 2002)는 그림만으로도 작가의 의도를 명확하게 전달하는 사회과학책이다. 이 책을 읽고 학생들은 다문화라는 주제 아래 장애인의 문제를 생각해 보았다. 『세포여행』(프랜 보크월, 승산, 2000)에서는 다문화와 관련해서 피부색에 대한 정보를 얻을 수 있는 과학책이다. 세포로 이루어진 우리 몸은 피부 세포가 색깔을 드러내는 멜라닌이나 카로틴을 만들어내는 양에 따라 피부색이 결정된다는 과학적인 정보를 찾을 수 있는 책이다.

사회책, 과학책 읽기 방법
1. 왜 읽는지 목적을 설정한다.
2. 주제와 관련된 어려운 낱말을 따로 익힌다.
3. 책에 나올 내용을 예측하고 읽는다.
4. 글쓴이가 말하고자 하는 핵심 내용이 무엇인지 파악하며 읽는다.
5. 읽으면서 새로 알게 된 정보를 수집해 정보를 조직한다.
6. 더 알고 싶은 것이나 궁금한 것이 있다면 다른 자료를 찾아본다.

1. 사회책, 과학책이란 무엇인가?

어떤 책을 이 갈래에 넣을 수 있는지에 대해 이야기 나누어 본다. 정치, 경제, 지리 등의 사회 문제를 다룬 책과 과학을 다룬 책을 읽는 목적은 주제와 관련된 지식을 얻기 위해서이다.

2. 주제와의 관련성 살펴보기

지식을 얻기 위해 책을 읽을 때는 목적을 분명하게 하면 더 집중해서 읽을 수 있다는 것을 알려준다. 책 속에서 특별한 정보를 찾을 것인지, 아니면 전반적인 지식을 얻을 것인지를 명확하게 하는 것이 좋은데, 학생들에게 책을 읽는 목적을 설정하는 과정의 하나로 다문화와의 관련성을 생각해 보라고 했다.

3. 내용 예측하기

머리말과 차례를 읽고 책 안의 그림을 훑어보면서 내용을 예측하고, 책을 읽으면서 예측한 내용과 비교해 보도록 한다.

4. 기타 자료 찾기

궁금한 것이 무엇인지 명확하게 범주화해 찾을 수 있도록 몇 가지 예를 들어 설명한다. 각 나라의 장애인에 대한 인식, 교육 등에 대해서 다른 자료를 더 찾아보거나, 비만과 세포는 어떤 관계가 있을까 등에 대해서도 찾아보고 이야기를 나눌 수 있다.

| 중학년 |

한 책 읽기와 연계해 책 속 문제 해결하기

이윤희 용인 소현초 사서교사

문화체육관광부에서는 2년마다 국민 독서실태 조사를 실시하고 있다. 2017년 12월에 발표한 결과에 따르면 연간 독서량(지난 1년간 교과서, 학습참고서, 수험서, 잡지, 만화를 제외한 일반 종이책)이 성인 8.3권, 초등학생 67.1권, 중학생 18.5권, 고등학생이 8.8권이다. 이는 2015년 조사 결과에 비해 초등학생 3.2권, 중학생 0.9권, 고등학생이 0.1권이 감소한 독서량이다. 이 조사에 따르면 독서량은 감소했으나 초·중·고교에서는 아침독서가 독서습관 형성에 도움이 된다는 의견이 꾸준히 제기되고 있으므로 '생애 독자를 기르는 학교 독서교육'이 추진되는 것이 바람직하다고 권장한다.

이를 반영하듯이 2018년부터 시행된 '2015 개정교육과정'에는 국어과에 '한 학기 한 권 읽기' 독서 단원이 포함되었다. 독서 단원에서는 3~4학년은 8차시 이상, 5~6학년은 10차시 이상의 독서 시간을 자유롭게 확보해 단원의 순서와 상관없이 수업 시간에 학생들이 책 한 권을 함께 읽으면서 친구들과 다양한 생각을 나누고 독후활동을 할 수 있다. 3학년 독서 단원에서는 기본적으로 다음과 같이 3단계의 독서활동을 제시하고 있다.

3학년 「국어」 교과 독서 단원

단원	활동 내용	주요 활동
「국어」 3학년 독서 단원 책을 읽고 생각을 나누어요	읽을 책을 정하고 내용 예상하기	– 읽을 책 정하기 – 표지와 그림을 살펴보고 내용 예상하기
	자신의 경험과 관련지어 책 읽기	– 읽기 방법 정하기 – 경험과 관련지어 책 읽기
	책 내용을 간추리고 생각 나누기	– 책 내용 간추리기 – 생각 나누기 – 정리하기

이 단원에서 '읽을 책을 정하고 내용 예상하기'는 친구나 짝, 3~4명의 모둠, 학급 전체 등 다양한 그룹으로 나누어 활동을 할 수 있는데 처음 시행하는 단원에서 다 함께 읽을 한 권의 책을 고르는 것이 쉽지가 않다. 특히 그림책에서 내용이 긴 이야기책으로 넘어가는 시기의 3학년이 깊이 읽을 수 있는 책을 선택하려면 교사가 사전에 다양한 책을 많이 읽어보고 너무 어렵지 않으면서 책 읽기가 좋아질 수 있는 책을 찾아서 제시해줘야 한다. 함께 읽는 책에 흥미를 가질 수 없으면 처음 독서 단원을 접하는 학생들이 독서 활동 자체를 싫어할 수 있기 때문이다. 독서 단원 첫 차시에 도서관 수업을 하면서 학생들이 읽었던 책 중 가장 재미있게 읽었던 책이나 읽고 싶은 책을 소개하는 시간을 가지며 학생들의 독서 습관과 기호를 파악하면 책을 선택하는 데 도움이 된다.

한 책 읽기와 연계한 도서관 활용 수업에서는 『목기린 씨, 타세요!』(이은정, 창비, 2014)를 선정해 2차시로 진행해 보았다. 이 책은 56쪽밖에 되지 않아 갓 3학년이 된 아이들이 읽기에 부담이 없고, 혼자 정독하면 두 시간 정도 읽을 수 있는 책이다. 따라서 차시를 많이 할애할 수 없는 독서 활동 수업에 활용하기 적합하다.

3학년 한 책 읽기 연계 독서수업 흐름

관련 교과	『국어』 독서 단원 책을 읽고 생각을 나누어요 3-1-4 내 마음을 편지에 담아 3-1-8 의견이 있어요
읽기 자료	『목기린 씨, 타세요!』
수업주제	더불어 살기
수업 목표	책을 읽고 인물의 문제 해결방법 생각하기, 내 삶에 적용하기
수업 내용	**1차시 : 함께 책 읽고 문제점 해결하기** • 함께 책 읽고 문제 상황 파악하기(15분) • 목기린 씨를 위한 버스 설계도 그려보기(15분) • 친구들과 상의한 후 버스 설계도 다시 그려보기(10분) **2차시 : 문학을 삶에 적용하기** • 버스 타기 불편할 것 같은 동물 조사해보기(10분) • 사회에서 대중교통 이용에 어려움을 겪는 사람 생각해보기(10분)

3학년 한 책 읽기로 지정된 도서이기 때문에 도서관 수업에서는 앞부분의 내용을 함께 읽은 후 뒷부분은 학급에 배부된 책을 가지고 교실에서 함께 읽을 수 있도록 지도했다.

1차시 함께 책 읽고 문제점 해결하기

함께 책 읽고 문제 상황 파악하기

함께 읽기를 할 때 학교도서관에 한 학급 분량의 복본이 있으면 학급별로 대출해서 각자 책을 갖고 읽을 수 있는데, 책의 수량이 적으면 각자 책을 구입해 중요한 부분을 표시하고 자신의 생각도 메모하며 읽으면 더 좋다. 이 책의 앞부분에는 화목 마을로 이사 온 목기린 씨가 마을회관으로 보낸 편지의 내용이 들어 있고 이야기의 중심이 되는 사건이 시작되기에 15페이지까지만 함께 읽기를 실시했다.

큰 키 때문에 마을버스를 타지 못하는 목기린 씨는 먼거리를 걸어 다니기가 너무 힘들다며 마을버스를 탈 수 있게 해 달라고 하소연하는 편지를 매일 마을회관으로 보내고 있다. 이러한 편지 내용은 국어 교과의 4단원 '내 마음을 편지에 담아'와 8단원 '의견이 있어요'를 연계해서 활용할 수 있다.

이 부분을 읽고 나서 목기린 씨에게 어떤 문제가 생겼는지 학생들과 이야기하며 정리해 보았다. 목기린 씨가 버스를 탈 수 없어 어떤 어려움을 겪고 있는지 쓴 편지 글을 다시 읽으면서 책 속 주인공의 마음을 공감하는 자신의 생각도 함께 나누어 보고, 고슴도치 관장이 마을버스에서 생기는 다른 동물들의 문제는 해결해 주면서 왜 목기린 씨 문제만 해결해 주지 않는지에 대한 내용도 책에서 다시 찾아 보았다.

목기린 씨를 위한 버스 설계도 그려보기

목기린 씨가 마을버스를 탈 수 없는 이유에 대해 알아본 것을 바탕으로 목기린 씨를 위한 버스 설계도 그리기를 해 보았다. 설계도를 그리기 전 기린의 일반적인 몸 크기를 알아보기 위해 동물도감을 활용했다. 동물도감 중에는 기린의 몸집 크기가 나와 있지 않은 책도 있기 때문에 미리 크기가 나와 있는 도감이나 동물에 대한 책을 검색해 보고 준비해야 한다. 조사할 수 있는 책의 수가 부족하면 짝이나 모둠별로 함께 조사할 수 있도록 구비

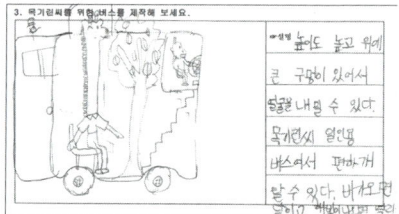

아이들이 그린 버스 도안

해 주면 된다. 목기린 씨의 크기와 다른 동물들의 크기를 비교해 버스에는 목기린 씨만 타는 것이 아니라 다른 동물들도 탈 수 있다는 것을 생각하면서 각자 활동지에 버스 도안을 그려 보도록 했다.

친구들과 상의한 후 버스 설계도 다시 그려보기

개인 활동으로 목기린 씨를 위한 마을버스 설계도를 그린 후 학생들의 도안을 살펴보고 다른 학생들과 비슷하게 그린 학생 한 명과 특이하게 그린 학생 한 명을 대표로 선정해 칠판에 그리게 했다. 대부분의 학생들은 런던 2층 버스나 애니메이션 〈주토피아〉에 나온 대중교통 수단을 그렸는데, 각자의 상상이나 경험을 바탕으로 그린 마을버스 설계도는 실제로는 목기린 씨에게 도움이 안 될 수도 있다. 모둠별로 함께 문제점을 찾아보고 수정한 설계도 칠판에 그려 보았다. 천장 없이 2층 버스를 그리거나 기린만 머리를 내밀 수 있게 그린 도안은 위에 유리문을 따로 설치하는 식으로 설계를 변경하고, 기린이 누워 있게 그린 버스는 기린이 버스에 누웠을 때 생기는 문제점을 다시 이야기해 보고 기린의 특성에 맞게 변경해 보았다. 함께 아이디어를 모으면 더 좋은 결과를 얻을 수 있다는 것을 알게 된 시간이었다.

2차시 문학을 삶에 적용하기

버스 타기 불편할 것 같은 다른 동물 조사해보기

2차시에는 목기린 씨가 사는 마을에 다른 동물이 이사해 온다면 또 버스를 타기 힘들어할 것 같은 동물을 도감에서 조사해 보고 해결하는 방법도 찾는 활동을 했다. 아이들은 기린처럼 덩치가 커서 버스 타기 불편해할 것 같은 동물을 찾아 보고 너무 작아서 다른 동물에게 밟힐 수 있는 곤충류나 물에 살아서 오래 육지에 있지 못하는 동물들을 찾아서 쓰기도 했다. 처음에는 그 동물들을 위한 버스도 그려 보게 했으나 시간이 너무 오래 걸려서, 다른 반 학생들과 수업을 할 때는 해결방법을 글로 쓰게 하는 활동지로 수정해서 활용했다.

목기린 씨와 비슷한 문제점을 가질 수 있는 동물을 조사해보고, 그 동물을 위한 해결 방법을 써 보세요.

동물 이름	어떤 문제가 생길까?	어떻게 해결할까?
상어	오래 걸리면 숨을 못 쉰다.	상어를 따라다니는 물통을 설치한다.
개미	내리다가 차에 치여서 죽는다.	개미를 따라다니는 안전로봇을 버스에 설치한다.

동물 이름	어떤 문제가 생길까?	어떻게 해결할까?
바다거북	육지에서는 느려서 다른 동물을 잘 피하지 못한다.	버스 안에 작은 수족관을 만들어요.
두더지	햇빛을 싫어한다	버스 안에 굴을 만들어요.

사회에서 대중교통 이용에 어려움을 겪는 사람 생각해보기

독서 내용을 내 삶에 적용하는 활동으로 실제 우리 사회에서 만날 수 있는 교통 약자에 대해 생각하는 시간을 가졌다. 어떤 사람들이 버스나 지하철 등을 혼자 타기 힘들어하는지 알아보고 실제로 운행되고 있는 저상버스와 지하철 엘리베이터를 예로 들어 주었다. 엘리베이터가 설치되지 않아 휠체어 리프트에 위험하게 몸을 맡겨야 하는 장애인들의 상황에 대해서도 이야기를 나누고 그들을 위해서 어떤 배려가 필요한지 의견을 발표하는 시간도 가졌다. 아이들은 장애를 가진 사람들이 대중교통을 이용할 때 필요한 저상버스의 구조물이나 엘리베이터의 필요성뿐만 아니라 버스와 지하철에서 자리를 배려하거나 도움을 주는 배려가 필요하다는 의견에 많이 공감하는 모습을 보였다.

남은 시간에 각자 뒷이야기를 읽는 시간을 가졌는데, 아이들은 목기린 씨에게 다음은 어떤 일이 일어날지 궁금하다며 쉬는 시간이 되어서까지 계속 읽는 모습을 보였다. 교사가 이 책을 혼자 읽어 보라고 권하기만 했다면 독서 자체를 잘 하지 않는 아이들은 펼쳐 보지도 않거나 대충 훑어보고 말았겠지만 '한 책 읽기'의 취지에 맞게 교사가 함께 읽으며 자유롭게 이야기도 나누고 즐거운 활동을 해본다면 독서를 멀리 했던 아이도 한 권의 책을 끝까지 읽고 더 나아가 책을 좋아하는 아이로 바뀔 수 있을 것이다.

3~4학년 한 책 읽기 도서 소개

추천 도서	주제	교과 연계	체험 활동	도서관 활용 수업	사서교사 협력
『기호 3번 안석뽕』 (진형민, 창비, 2013)	올바른 학교생활 (선거)	『국어』 3-1-8 의견이 있어요 (선거 공약)	모둠별 선거 공약, 선거 포스터 만들어 보기	선거에 대해 조사하기 (올바른 선거에 대해 알기)	선거와 연계해 사회문제, 사회과학 분야의 책 안내 및 조사 수업 협력
『목기린 씨, 타세요!』 (이은정, 창비, 2014)	더불어 살기 (차이 인정하기)	『국어』 3-1-4 내 마음을 편지에 담아 『국어』 3-1-8 의견이 있어요 (의견 쓰기)	기린도 탈 수 있는 버스 설계·제작해 보기	동물의 특징 조사(2단원) (기린과 책 속 다른 동물의 크기 비교해 보기)	동물조사 방법 및 도감 활용법 교육
『조선에서 가장 재미난 이야기꾼』 (김기정, 비룡소, 2013)	전기수 (역사동화)	『국어』 3-2-10 문학의 향기 (재미있는 책 소개)	내가 읽은 책 전기수처럼 소개하기	옛날의 직업 현재의 직업 조사해 보기 (전기수, 필사쟁이 등)	직업에 대한 책의 위치 및 옛날 직업 조사 방법 지도
『소문 바이러스』 (최형미, 킨더랜드, 2017)	사실 구분하기	『국어』 4-1-1 생각이나 느낌을 나누어요 (일어난 일에 대한 의견)	자신의 경험을 글과 그림으로 표현하기	먹을 수 있는 꽃, 버섯 종류 조사해 보기	식물조사 방법 및 도감 활용법 교육
『레인보우 합창단』 (고정욱, 베틀북, 2011)	더불어 살기 (다문화/ 배려)	『국어』 4-2-4 이야기 속 세상 (경험 말하기)	다른 나라 노래 배워보기	다른 나라의 예술 문화에 대해 조사하기	세계 여러 나라의 문화(예술, 음식)를 조사할 수 있는 책에 대한 안내 및 조사 수업 협력
『젓가락 달인』 (유타루, 바람의아이들, 2014)		『도덕』 4-2-6 함께 꿈꾸는 무지개 세상 『국어』 4-2-4 이야기 속 세상 (경험 말하기)	학급별 젓가락달인 대회 열기	다른 나라의 음식 문화 조사하기 (라오스 등 아시아 지역)	

| 중학년 |

이야기책 깊이 읽고 작가와의 만남 갖기

이윤희 용인 소현초 사서교사

'작가와의 만남'은 책 읽기에 흥미를 유발하고 책 내용에 대한 이해도를 높일 뿐만 아니라 직업인으로서 작가를 직접 만날 수 있기 때문에 진로교육에도 도움이 되는 독서프로그램이다. 일반적으로 도서관에서 신청자를 받아 방과 후에 30~40명의 인원으로 운영하기도 하고 작가가 학급으로 직접 찾아가기도 하는데, 본교에서는 4학년 전체 학생이 시청각실에서 작가를 만나는 방법으로 진행했다.

  학년 전체를 대상으로 행사를 할 때는 각 학급 담임교사와의 긴밀한 협조하에 학생들이 책을 다 읽고 오게 하는 것이 중요하다. 책을 읽고 오지 않으면 작가와의 대화 시간에 깊이 있게 참여하기 힘들고, 흥미도 가지기 어렵기 때문이다. 작가와의 만남을 하기로 했다면 작가의 책 여러 권을 도서관에서 구입해 행사 한두 달 전에 학급으로 보내 학생들이 읽고 오게 한다. 적극적인 관심을 가져야 모든 아이들이 빠짐없이 책을 읽을 수 있다. 이번 도서관 활용 수업에서는 4학년 아이들과 함께 『시간 가게』(이나영, 문학동네, 2013)의 이나영 작가와의 만남을 준비하는 독서수업을 2차시로 진행했다.

4학년 작가와의 만남 수업 흐름

수업 목표	– 재미있게 읽은 책의 작가와의 만남을 통해 책을 보다 깊이 있게 이해하기 – 작가라는 직업에 대해 체험해보기
수업준비물	『시간가게』, 활동지, 포스트잇, 편지지
내용	**1차시 : 함께 책 읽고 이야기 나누기** • 책을 읽으며 중요한 장면에 대해 이야기 나누기 • 시간 가게 상상해서 그려보기 • 주인공이 되어 상상해보기 • 나의 행복한 추억과 책 읽는 자유 시간 10분 맞바꾸기 **2차시 : 작가와의 만남 준비하기** • 질문지와 편지 쓰기 • 작가와의 만남 시간에 전시할 게시판 만들기 • 시청각실에서 작가와의 만남 가지기(2시간)

1차시 | 함께 책 읽고 이야기 나누기

시간가게 상상해서 그려보기

이나영 작가의 동화 『시간 가게』, 『붉은 실』, 『발자국 아이』는 학교생활과 친구와의 관계에 대한 이야기를 중점적으로 다루고 있다. 『시간 가게』는 홀로 된 엄마를 기쁘게 해드리고 싶어 공부를 잘해야 한다는 마음에 분주한 주인공의 이야기가 학원, 시험에 쫓기며 살아가는 초등학생들의 생활을 보여주어 아이들이 공감하며 읽기 좋은 작품이다. 특히 자신의 행복한 기억으로 시간을 살 수 있다는 설정에 아이들은 호기심을 보였다. 수업 시간에는 학원을 가던 주인공이 우연히 발견한 시간 가게에 들어서서 시간

아이들이 상상해서 그린 시간 가게

가게의 할아버지를 만나 시간을 살 수 있는 방법을 알게 되는 부분까지만 함께 읽었다. 독후활동은 읽으면서 중요한 부분이 나오면 이야기를 나누는 식으로 진행했다.

학원에 늦을까봐 급하게 걸어가던 주인공에게 시간가게를 홍보하는 전단지가 날아온다. 이런 전단지를 받으면 어떨 것 같은지 이야기를 나눠보았다. 바쁜 와중에 그런 전단지를 보면 누가 이런 장난을 하나 지나칠 것 같다, 궁금한 마음이 들 것 같다, 학원에 늦었다면 당장 시간을 사야겠다는 생각이 들 것 같다는 대답들이 나왔다. 그리고 책에는 시간가게의 모습이 나오지 않기 때문에 전단지에 시간가게가 그려져 있다면 어떤 모습일 것 같은지 상상해서 그려 보는 시간을 가졌다.

'내가 주인공이라면?' 상상해보기

주인공은 학원으로 가는 길을 헤매다가 시간 가게를 발견하게 되고 시간 가게에서 한 할아버지를 만난다. 그리고 10분의 시간을 사기 위해서는 '진심으로 행복했던 기억'을 하나 주면 된다는 것을 알게 된다. 주인공이 시간을 살까, 말까 고민하는 내용까지만 읽고 아이들은 자신의 행복했던 기억으로 10분이라는 시간을 살 것인지, 산다면 어떻게 쓸 것인지에 대해 이야기를 나누었다. 아이들은 10분이라는 시간은 짧다고 느꼈지만 40분 수업 시간 후 10분 쉬는 시간이 없다고 생각해 보라고 하자 10분의 필요성을 인식하고 고민하는 모습을 보였다. 총 4개 학급을 수업했기 때문에 93명의 의견을 들을 수 있었는데, 나의 행복한 기억을 주면 추억이 사라지기 때문에 시간을 사지 않겠다는 의견이 82명(88%)이었고 사겠다는 의견이 11명(12%)이었다.

시간을 사겠다고 한 학생들은 행복한 기억은 또 만들어가면 되기 때문에 10분을 유용하게 쓰겠다고 했다. 만약 10분을 산다면 어떻게 쓸 것인지 사지 않겠다고 한 학생들에게도 써 보게 했는데 책 속 주인공처럼 학원에 늦거나 시험 칠 때 쓰겠다고 한 아이들이 대부분이었으며 죽기 전에 사랑하는 사람들에게 하고 싶은 말을 하는 데에 쓰겠다는 아이들도 있었다. 10분을 사기 위해 주어야 하는 '나의 행복한 기억'도 써 보라고 했는데, 아이들이 구체적으로 글을 쓰도록 하기 위해 만약 "친구들과 놀 때"라고 하면 친구들과 논 기억은 다 사라질 수 있으니, 누구와 어떻게 놀았던 기억인지 그 순간의 기억을 쓰라고 했다. 그리고 활동지를 확인하면서 구체적으로 잘 쓴 학생은 10분 동안 책을 읽을 수 있는 자유 시간을 주었다.

10분과 바꿀 수 있는, 진심으로 행복한 기억을 떠올려서 써보세요.
- 내가 수학을 잘 못하는데 3학년 때 수학을 96점 맞아서 엄마한테 많이 칭찬받은 기억

> - 도서관에서 상품을 받았을 때, 맛있는 킹크랩을 먹었을 때
>
> 10분의 시간을 산다면 언제, 어떻게 사용하고 싶은가요?
> - 죽기 전에 가족들에게 진심어린 편지를 쓰고 싶다.
> - 책 전달하기를 할 때 다 못 읽었을 때 10분 동안 더 읽을 것이다.

2차시 작가와의 만남 준비하기

작가에게 보내는 질문지와 편지 쓰기

2차시 수업은 1차시 수업과 바로 이어서 진행하지 않고 각 학급에서 아이들이 이나영 작가의 책을 한 권 이상 읽을 시간을 주기 위해 2주의 텀을 두고 진행했다. 1차시 때 작가의 책을 읽고 싶은 마음이 들도록 동기유발을 했기 때문에 아이들은 대부분 한 권 이상 읽고 왔으며, 세 권을 다 읽고 온 아이들도 많았다. 작가와의 만남 때 전시하기 위해 이전 시간에 아이들이 10분을 사기 위해 생각한 '나의 행복한 기억'을 포스트잇에 다시 쓰게 했으며 책을 읽으면서 작가님께 궁금했던 질문들도 포스트잇에 써 보게 했다. 아이들이 가장 많이 하는 질문인 "왜 작가가 되었어요?"는 칠판에 써서 하지 않도록 안내하고 되도록 책 속의 내용 중 궁금한 것을 질문하게 했다. 질문지를 다 쓴 아이들은 8절 색지에 붙이고 작가님께 하고 싶은 말을 담은 편지도 다섯 줄 이상 쓰게 했다. 질문지와 편지를 잘 쓴 학생은 지난 차시와 마찬가지로 10분의 책을 읽을 수 있는 자유 시간을 주었다. 아이들이 쓴 행복한 기억과 질문지는 아이들과 함께 게시판으로 제작해 작가의 만남 행사장에 전시했다. 질문지는 사진으로 찍어 작가에게 미리 보내

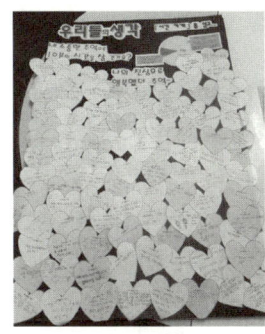 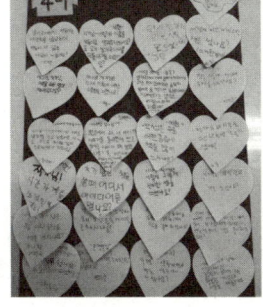 

| 행복한 기억 쓰기 | 작가에게 질문하기 | 작가에게 편지 쓰기 |

질문에 대한 답을 준비해 올 수 있도록 했으며, 편지는 모아서 독서주간에 만든 책표지 포스트잇북과 함께 작가에게 전달했다.

작가와의 만남 가지기

이렇게 작가와의 만남을 준비하는 시간을 가지고 나니, 행사 당일 시청각실에 4학년 전체 학생 100여 명이 모였음에도 학생들은 모두 적극적으로 참여하는 모습을 보였다. 시간의 중요성에 대해 알려주는 작가의 이야기를 귀 기울여 들으며 작가의 질문에 서로 대답하려고 손을 들었다. 질의응답 시간에는 미리 준비했던 질문이 적힌 포스트잇을 작가가 직접 선택하면서 진행했는데, 가장 행복한 추억을 왜 10분이라는 시간과 맞바꾸게 설정했는지, 초등학생을 주인공으로 글을 쓰는 이유와 그 아이디어들은 어떻게 모으는지 등 자신의 질문지가 뽑힐 때마다 아이들은 환호하면서 자랑스러워했다.

학급에서 자유롭게 작가와의 만남을 준비하면, 담임교사에 따라 학생들이 책을 읽고 오지 않거나 아무 준비도 하지 않은 상태로 행사에 참여하는

작가와의 만남을 가지는 아이들

경우가 있다. 그럴 땐 책 내용을 모르니 소극적으로 참여하거나 흥미 없어 하는 모습을 보이기 때문에 도서관에서 함께 책을 깊게 읽으며 적극적으로 준비하는 선행 수업이 필요함을 알 수 있었다.

| 고학년 |
그림책을 활용한 진로독서 수업

김강선 서울 용동초 사서교사

요즘 우리 아이들은 학원과 방과 후 프로그램에 이리저리 치여서 '어린이로서의 삶'이 즐겁지 않다. 배우는 게 많아 지식은 쌓였지만, 자신이 무엇이 되고 싶고 무엇을 하고 싶은지에 대해서는 자신 있게 말하지 못한다. 그래서인지 요즘 교육부나 시·도교육청, 진로 관련 기관에서 진로독서 프로그램을 개발해 배포하거나 진로캠프에 참여하라는 안내 공문이 몇 년째 지속적으로 내려오고 있다. 안내문과 운영계획서를 자세히 살펴보면 대부분이 자아정체성 찾기, 기질검사, 적성검사, 직업 체험 등의 활동이나 직업의 종류를 소개하는 책과 직업 관련 인물 도서를 읽는 '성취 중심'의 진로 교육으로 구성되어 있다. 성취와 결과 중심의 교육이 나쁜 것은 아니다. 다만 땀의 참 가치를 알고, 일을 하면서 도덕적으로 어떤 태도를 가져야 하고, 자신의 꿈을 위해서 극복하고 노력해야 하는 부분이 무엇인지에 대해 알아보는 '과정 중심'의 진로 교육이 부족하다는 생각이 든다.

그리고 여러 출판사에서 출간한 진로 관련 책들도 직업의 종류와 소개, 그 분야의 인물에 초점을 두고 소개하는 것들이 대부분이다. 교육기관이

나 출판사 모두 진로독서에 대해서 '진로 + 독서'가 아니라 '진로'에 중점을 두고 기획하고 있는 것이다.

왜 그런 것일까? 진로독서에 대한 교육 개념을 명확하게 세우고 있지 않기 때문이다. 진로독서는 '책 읽기를 통해 앞으로 나아갈 길을 찾는 것'을 말한다. 따라서 우리 아이들이 제대로 꿈을 찾고 진로를 탐색할 수 있도록 '과정 중심'의 진로독서와 '성취 결과 중심'의 진로독서 교육을 함께 해야 한다.

이런 교육을 위한 자료로 그림책을 추천한다. 그림책은 아이들이 좋아하고, 내용을 쉽게 전달할 수 있기 때문이다. 아이들은 그림책 속 등장인물을 통해 직업의 철학과 가치관을 배울 수 있고, 자신의 진로를 흥미롭게 탐색할 수 있을 것이다.

교과서 속 진로교육

5학년 2학기 『실과』 교과 6단원의 주제는 '나의 진로'이다. 소단원 '1. 일과 직업의 세계'와 '2. 자기이해와 직업 탐색'으로 구성되어 있다. 이 내용에서 생각해볼 문제는 앞서 이야기했듯이 '성취 결과 중심'의 진로 교육이 주를 이룬다는 것이다. 나의 가능성과 장래의 꿈이나 직업정신과 철학, 꿈을 이루기 위한 노력 등 꿈을 성취하는 '과정'에서 필요한 교육이 빠져 있다.

자아를 탐색하고 정체성을 찾는 과정도 결과물을 내어야 하는 수업이 되어서는 안 된다. 아이들이 자유롭게 생각하고 자신을 탐구하는 교육을 하려면 어떻게 해야 할까에 대한 고민이 깊어졌다. 그래서 여러 문헌과 자료를 찾아보고 연구해 보았다. 교육부에서 나온 〈진로 성취 기준표〉는 내 고민에 대해 어느 정도 해결책을 제시해 주었다.

5학년 「실과」 교과에서 다루는 진로 단원

단원	소단원	학습 목표
「실과」 5-2-6 나의 진로	1. 일과 직업의 세계	– 일과 직업의 의미를 이해하고 설명해봅시다. – 일과 직업의 중요성을 설명해봅시다.
	2. 자기이해와 직업 탐색	– 나를 이해하고 적성, 흥미, 성격 등 자신의 특성을 파악해봅시다. – 나의 적성, 흥미, 성격에 맞는 직업을 탐색해봅시다.

교육부 진로 성취 기준표

II 일과 직업세계의 이해

2. 건강한 직업의식 형성

◆ 세부 목표 및 성취 지표

1) 맡은 일에 책임이 따름을 안다.
- 가정과 학교에서 시간 약속을 잘 지키는 것이 중요함을 말할 수 있다.
- 각 역할마다 어떠한 책임이 따르는지 말할 수 있다.

2) 맡은 일에 대해 최선을 다하는 태도를 기른다.
- 맡은 일에 최선을 다한 사람들에 대해 말할 수 있다.
- 맡은 일에서 성실하고 최선을 다하는 자세를 기를 수 있다.

3) 일과 직업에 대해 어떤 고정관념이 있는지 안다.
- 모든 일과 직업은 소중하다는 것을 말할 수 있다.
- 일과 직업에 대한 성적, 사회적 편견을 알아볼 수 있다.

'I 일과 직업의 세계', 'II 일과 직업세계의 이해', 'III 진로 탐색', 'IV 진로 디자인과 준비' 등의 단계로 이루어져 있는 교육부의 〈진로 성취 기준표〉는 성취와 과정의 내용이 함께 구성되어 있었다. 자아를 이해하는 과정에 대한 목표와 활동도 "자신을 긍정적으로 받아들이는 태도를 갖는다",

5학년 그림책을 활용한 진로독서교육 수업 흐름

관련 교과	『실과』 5-2-6 나의 진로
수업 목표	책 속 주인공을 통해 자신의 진로를 탐색할 수 있다.
수업 준비물	『책을 구한 사서』, PPT 자료, 동영상자료
수업 내용	**1차시 : 직업 세계 알아보기** • 직업 동영상 보고 생각해보기 • 책표지 보고 직업 맞추기 **2차시 : 함께 책 읽고 진로 탐색하기** • 『책을 구한 사서』 함께 읽고 발문 활동하기 • 직업분류표에서 책을 구하기 위해 도움을 받을 수 있는 다른 분야의 직업 찾아보기 • 직업분류표에서 관심 있는 직업 선택하고 조사하기 • 수업 정리 : 수업에서 흥미로웠던 부분에 대해 발표하기

"자신감을 갖고 말하고 행동할 수 있다", "자신의 장점 및 특성을 존중한다", "자신이 잘하는 것과 좋아하는 것을 말할 수 있다" 등의 자기표현과 일상에서의 활동 중심으로 되어 있다. 이를 바탕으로 아이들이 직업정신을 배우고 진로를 탐색할 수 있도록 그림책 활용수업을 실시했다. 예컨대 교육부 성취 기준표 대영역 'Ⅱ 일과 직업세계의 이해' 단계에 맞추어 '직업 의식'을 주제로 『책을 구한 사서』(지네트 윈터, 미세기, 2007)를 선정해 함께 읽었다.

1차시 다양한 직업의 세계 엿보기

직업 동영상 보고 생각해보기

수업 도입부에서 책을 구한 사서 알리아를 비롯해서 사서였다가 유명인사가 된 사람들, 그림형제의 형인 제이콥 그림, 중국의 마오쩌둥, 『신기한 스쿨버스』의 저자 조애너 콜, 미국 FBI의 전설 에드가 후버, 로라 부시 등 관련 자료를 외국 사이트에서 검색해 조사하고, 지구 둘레를 잰 에라토스테네스, 『직지심경』 반환 노력을 한 박병선에 대해서 출판된 문헌과 네이버 백과사전을 검색해 동영상을 제작했다. 먼저 다양한 직업 분야를 소개하고, 사서였다가 유명 인사가 된 사람들의 동영상을 보고, 다양한 직업 분야에서 성공한 사람들의 공통점과 동영상에 소개된 인물 중에 닮고 싶은 사람과 그 이유를 발표하면서 자신의 삶의 모델링을 정하는 시간을 가졌다. 많은 학생들이 '책을 구한 사서 알리아'를 본받고 싶다고 발표했다.

책표지 보고 직업 맞추기

주제 도서를 읽기 전에 제목을 지운 진로 관련 동화책 표지를 보여주고 직업 맞추기를 하면서 재미와 흥미를 유도했다. 『행복한 청소부』(모니카 페트, 풀빛, 2000), 『치과의사 드소토 선생님』(윌리엄 스타이그, 비룡소, 1995), 『발레리나 벨린다』(에이미 영, 느림보, 2003), 『꿈의 궁전을 만든 우체부 슈발』(오카야 코지, 진선북스, 2004) 등의 표지를 보고 직업 맞추기 퀴즈를 진행했다. 아이들이 책표지를 보고 재미있게 직업에 대해서 맞추면서 직업 종류를 생각해볼 수 있었다. 수업이 끝나고 아이들은 퀴즈 맞추기했던 책이 어디에 있느냐고 물으며 찾아달라고 하기도 했다.

2차시 함께 책 읽고 진로 탐색하기

『책을 구한 사서』 함께 읽기

그림책 『책을 구한 사서』를 학생들과 함께 읽었다. 동영상으로 알리아의 이야기를 미리 보아서인지 학생들은 책에 흥미를 보였다.

바스라 중앙도서관의 관장이었던 알리아는 이라크 전쟁이 터지자 책이 불탈 것을 걱정해 매일 저녁 숄에 책을 숨겨 안전한 곳으로 옮겼다. 미처 책을 다 옮기기도 전에 전쟁이 심화되고 원인을 알 수 없는 불이 도서관에 번져 남은 책들이 불타오르게 된다. 알리아는 안타까움에 발을 동동 구르지만 그가 구한 책은 무려 3만 여 권이나 되었다.

전쟁의 위험 속에서도 책을 구하기 위해 고군분투했던 알리아의 이야기가 그림과 함께 잘 담겨진 책이다. 책을 읽고 난 후 "알리아와 같은 상황에 처했다면 나는 어떻게 행동했을까?"라고 아이들에게 질문을 했다. "가족과 함께 피난을 갔을 거예요"라고 현실적인 대답을 하는 아이도 있었고, "강대국이나 UN에 협조를 구해서 피해를 최소화하려고 했을 것 같아요"라고 꽤 구체적인 계획을 제시한 아이도 있었다.

책을 읽은 소감을 물었을 땐 대체로 알리아의 직업 정신과 사명감에 감동했다고들 말했다.

직업분류표를 보며 진로 탐색하기

구체적으로 진로 탐색을 하기 위해 직업분류표를 학생 수만큼 준비해 나눠주었다. 먼저 '책을 구하기 위해 도움을 받을 수 있는 다른 분야의 직업'을 찾아서 발표하는 활동을 했다. "컨테이너 회사 사장은 책을 신속하게 컨테이너에 보관해 책을 구할 수 있다", "소방관을 불러서 불을 끄게 하고 포장이사 직원에게 부탁해 책을 신속하게 포장해 옮기게 할 것이다" 등의 재치있고 기발한 대답들이 많이 나왔다.

그다음에 직업분류표에서 내가 하고 싶은 직업을 확인하고 그 직업과 관련된 도서를 찾아서 조사하는 활동을 했다. 도서를 찾아보며 해당 직업이 어떤 일을 하는 것인지, 그 직업을 갖기 위해 무엇을 준비해야 하고 노력해야 하는지, 필요한 적성은 무엇인지 등을 조사하게 했다.

직업분류표에 아이들이 이해하지 못하는 직업들도 여러 개 있어서 질문을 해 오는 경우가 많았다. 아이들 눈높이에 맞게 낯설고 어려운 직업들을 해설한 자료들도 따로 준비할 필요가 있겠다는 생각이 들었다.

어떤 직업은 도서관에 자료가 풍부한가 하면, 어떤 직업은 정보가 부족해 학습지를 제대로 채우지 못하는 경우도 있었다. 그럴 경우에는 인터넷 검색을 통한 자료 조사도 허용해 주었다.

마무리 활동으로 진로독서 수업에서 흥미로웠던 부분에 대해 발표하도록 했다. 많은 아이들이 책을 구한 사서 알리아에 대해 이야기를 했다. 수업을 마친 후 한 남학생은 『책을 구한 사서』를 빌려가고 싶다고 따로 요청해왔다. 그 모습을 보면서 책이 우리에게 주는 영향력에 대해 다시 생각하게 되었다.

이번 수업을 하면서 우리 아이들이 아무것도 모른다는 생각은 오산이라는 것을 확인했다. 아이들은 교사인 나도 생각하지 못했던 멋진 대안을 생각해내고, 자신의 진로에 대해서도 분명하게 설명하는 모습을 보였다. 이렇게 자신의 진로나 직업에 대해 분명하게 생각하고 있는 아이들에게는 관심을 갖고 있는 직업에 관한 다양한 좋은 책을 소개해주면 된다.

문제는 공부도 제법하고 나름 학교에서 인정받는 아이들 가운데 "하고 싶은 게 없거나 꿈이 없다"고 얘기하는 아이들과 어려운 가정 상황 때문에 아예 '꿈'에 대해서 생각하지 못하는 아이들이다. 하고 싶은 게 없고 꿈이 없는 아이들에게 그림책을 들려주고 책을 가까이하도록 유도해 책 속 주인공이 주는 감동으로부터 영향을 받아 '꿈'을 찾아갈 수 있도록 하는 진로독서 교육이 더욱 필요하다.

직업분류표

직업 분야	직업 종류
건설 및 수리보수 분야	목공수, 배관기사, 전기기사, 측량사, 용접기사, 가스설비기사
건축 및 엔지니어링 분야	건축가, 조경건축가, 우주공학자, 토목공학자, 전기공학자, 환경공학자, 산업공학자, 기계공학자, 핵공학자, 측량기사
교육 분야	유치원교사, 초중등교사, 특수교사, 교수, 상담가, 교육행정직
교통 운송 분야	파일럿, 선장, 항해사, 운송기사, 택배기사, 택시기사, 버스기사, 항공기정비원, 철도 및 지하철기관사, 자동차정비원
광고 및 홍보 분야	광고 매니저, 카피라이터, 마케터, 광고PD, 프로듀서
과학 및 수학 분야	통계학자, 수학자, 천문학자, 생물학자, 화학자, 지질학자, 미생물학자
금융 및 회계 분야	은행원, 투자전문가, 증권매니저, 개인자산관리자, 펀드매니저, 보험설계사, 공인회계사, 재정분석가
기술직 분야	건축사, 엔지니어, 해양건축사, 항공우주엔지니어, 항공교통관제사, 건축공학기술자, 기계공학기술자, 도시계획가, 섬유공학기술자, 자동차공학기술자, 토목공학기술자, 항공공학기술자, 해양공학기술자
기획 관련 전문 분야	게임기획자, 광고기획가, 공연기획자, 방송연출가, 영화감독, 파티플래너, 학예사
농수산업 및 임업 분야	농부, 어부, 축산업자, 산림보호사
법률 및 사회 관련 분야	국회의원, 과학수사관, 판사, 검사, 변호사, 국가사이버안전요원, 프로파일러, 변리사, 법무사, 외교관
보건 의료 분야	행정관, 치과의사, 영양학자, 간호사, 약사, 의사, 수의사, 치료사, 검안사, 방사선사, 심리치료사, 물리치료사, 안경사, 치과위생사, 의료장비기사, 영양사

보험 관련 분야	보험회사 매니저, 보험중개인, 보험업자, 위기관리 전문가
보호 서비스 분야	소방관, 경찰관, 사설 탐정
부동산 분야	감정사, 공인중개사, 부동산중개인, 건물 관리사, 경비보안관
사회 서비스 분야	상담가, 사회복지사, 성직자, 직업상담원, 사서
서비스 산업 분야	세탁업, 재단사, 여행사, 호텔경영, 이발사, 피부관리사, 메이크업아티스트, 헤어디자이너, 비행기승무원, 카지노 딜러
시각 디자인 분야	화가, 만화가, 제품디자니어, 일러스트레이터, 인테어더자이너, 웹디자이너, 광고 디자이너, 귀금속 및 보석세공원, 패션코디네이터
식품 산업 분야	음식점 경영인, 요리사, 식품유통업자, 조리사, 주방장, 제과제빵사
언어 관련 분야	통역가, 기자, 아나운서, 성우, 쇼핑호스트
영상 관련 분야	사진작가, 촬영기사, 조명기사, 영상편집기사
연예 및 스포츠 분야	배우, 가수, 개그맨, 아나운서, 안무가, 무대감독, 운동선수, 운동코치, 심판, 스포츠 해설가, 스포츠센터 경영
예술 및 디자인 분야	미술감독, 영화감독, 화가, 조각가, 도예가, 삽화가, 만화영화 제작자, 패션디자인, 인테리어 장식가, 무용가, 작가, 사진전문가, 서예가
정부 관련 분야	국회의원, 도시의원, 도시계획가, 우편서비스, 세금 감사관, 공무원
컴퓨터 및 정보 분야	컴퓨터 프로그래머, 컴퓨터 소프트웨어 전문가, 프로게이머
통신 및 언론 분야	통역가, 사진기자, 작가, 기자, 아나운서, 특파원, 신문사, 방송

직업 조사 활동지

나에게 맞는 직업을 찾아라!

◆ 직업표에서 관심있는 직업들을 적어보세요!

◆ 선택한 직업 가운데 가장 마음에 들고, 되고 싶은 직업을 하나를 선택하고 조사해보세요!

☞ 가장 마음에 들고, 되고 싶은 직업은 무엇인가요?

☞ 선택한 직업은 어떤 일을 주로 할까요?

☞ 선택한 직업은 어떤 취미와 적성을 맞는 사람이 하면 좋을까요?

☞ 선택한 직업을 갖기 위해서 갖춰야 할 자격이나 노력은 무엇일까요?

진로 교육에 참고하면 좋을 문헌, 사이트

■ 참고문헌

『(꿈에 날개를 달아주는) 진로 독서』 (전국학교도서관담당교사 경남모임 지음, 대원사, 2013)
『진로독서 워크북(초등)』 (전국독서새물결모임 지음, 고래가숨쉬는도서관, 2015)

■ 사이트

- 고용노동부 http://www.moel.go.kr/
일자리, 고용보험, 직업능력, 고용평등, 근로기준, 노사협력, 산재예방, 국제협력 등 국민들이 일을 통해 행복과 가치를 느낄 수 있도록 여러 가지 정책을 펼치는 기관이다.

- 아이앤드디코리아 http://www.idk.co.kr/
한국인의 정서에 맞는 인성, 지능, 진로적성 프로그램을 개발해 유아, 학생들의 인성, 지적 능력 및 진로적성을 과학적으로 파악하고 분석해 연구했다. 그리고 진로탐색검사, 직업적성검사, 직무적성검사, 직무역량검사를 개발해 제공하고 있다.

- 진학진로정보센터 http://www.jinhak.or.kr/index.jsp
진로 직업정보, 자격증정보, 대학진학정보, 대학 학과 및 모집요강 정보를 제공한다.

- 한국가이던스 http://www.guidance.co.kr/
30여 명의 국내외 저명한 교수들이 개발연구진으로 구성되어 있으며 100종에 이르는 아동 심리검사와 직무적성 검사 도구를 개발하였고, 다양한 진로정보가 탑재되어 있다.

- 한국고용정보원 http://www.keis.or.kr/main/www.do
국민들에게 적합한 일자리를 찾아주고, 기업들에게 훌륭한 인재를 연결해 주기 위해 국내외 고용정보를 안내하고 있고, 생애 진로지도 프로그램 개발과 보급, 워크넷과 직업능력개발훈련정보망 등 고용정보시스템의 개발해 운영하고 있다.

- 한국직업정보시스템 http://know.work.go.kr/
직업 심리검사, 직업정보검색, 직업진로자료실, 진로상담, 학과정보검색 신 직업 탐방 등 우리나라의 직업에 관한 정보가 알차다.

- 한국잡월드 http://koreajobworld.or.kr/Index.do
청소년 체험관, 어린이체험관, 직업세계관, 진로설계관 등을 운영해 직업에 대한 다양한 체험 및 직업탐색의 기회를 제공하고 있다.

| 고학년 |

천천히 깊게 읽고 마음을 키우는 독서

이윤희 용인 소현초 사서교사

2018년부터 '한 학기 한 권 읽기' 수업이 도입되면서 정규 수업시간에 책 한 권을 온전하게 읽을 수 있는 시간을 확보하고, 평소 책을 한 권도 읽지 않는 아이들도 수업을 통해 한 권이라도 제대로 읽을 수 있게 되었다.

『국어』교과서에 독서 단원이 수록되기 전부터 책을 많이 읽기보다는 천천히 깊게 읽자는 의미의 '슬로리딩'을 강조하는 학교가 많아지는 추세였는데 이러한 독서교육은 한 권의 책을 온전하게 읽는다는 의미에서 '한 책 읽기' 수업에 적합한 독서방법이라 할 수 있다.

슬로리딩은 일본의 교사 하시모토 다케시가 『은수저』라는 책으로 3년간 국어 수업을 전개해 명문대학 합격률 1위라는 기적을 만들어낸 수업법으로 잘 알려져 있다. 이런 결과는 책을 제대로 읽는 방법을 배운 학생들이 스스로 공부하는 방법을 깨우쳤기 때문에 가능한 일이었다. 학생들은 한 권의 책을 읽었지만 책의 단어와 문장을 깊숙이 파고 들어 사회, 역사, 문화적 배경을 함께 배우면서 깊은 이해력을 가질 수 있었고 그것은 어른이 되어서도 도움이 되는 공부였다고 한다.

5학년 천천히 깊게 읽기 수업 흐름

도서	『그 사람을 본 적이 있나요?』

1차시	학습목표 : 이야기를 읽고 인물에 대한 생각과 느낌을 친구들과 나눌 수 있다.
	
	건널목 씨의 등장(22~34쪽)
	• 동기유발 : 소외 계층에 대한 생각 나누기
	  노숙자, 폐품 줍는 사람 등의 사진 보여주기
	• 독서자료 소개하기
	  액자소설 설명하기/ 내부이야기와 외부이야기 소개하기
	• 독서 자료 읽기(15분)
	• 문학으로 친교활동하기
	  인물에 대해 흥미와 호기심 가지기 / '왜'라는 질문하기/ 기억에 남는 장면에 대해 친구들과 이야기 나누기
	• 정리활동 : 읽은 내용 정리하기

2차시	학습 목표 : 이야기를 읽고 사건에 대한 생각과 느낌을 나눌 수 있다.
	
	불량배를 만난 건널목 씨(44~66쪽)
	• 전시 내용 확인하기
	  건널목 아저씨에 대한 첫인상 떠올려보기
	• 동기유발 : 초등학생 폭력 실태에 대한 기사 함께 보기
	• 독서 자료 읽기(15분)
	• 실제 나의 삶과 연관시키기 – 친구들과 토론하기
	  길을 가다가 불량배를 만난다면 어떻게 할까? 토론해보기/ 주변의 어려운 이웃에 대한 자신의 태도 돌아보기

3차시	학습목표 : 이야기를 읽고 문제점을 발견하고 토론으로 해결방법을 찾을 수 있다.
	
	도희와 태석·태희 남매와의 만남(77~128쪽)
	• 전시 내용 확인하기
	  건널목 씨가 왜 아리랑아파트에서 교통정리를 하고 있는지 예측했던 내 생각 떠올려보기
	• 동기유발 : 배려란 무엇인지 생각해보기
	  "배려란 _____이다" 문장 만들기 (『아름다운 가치 사전』 활용)
	• 독서자료 읽기(15분)
	• 문학 경험 활용해 문제 해결하기
	  이야기 속에서 발견한 문제 해결하기(토론)

	• 공감 소통하기 위로해 주고 싶은 인물에게 편지 쓰기	
4차시	학습 목표 : 이야기를 읽고 문제점을 발견하고 토론으로 해결방법을 찾을 수 있다.	
	건널목 씨와의 이별(129~173쪽) • 전시내용 확인하기 3차시 동안 읽은 내용 떠올려보기 • 동기유발 : 칭찬하는 활동하기 • 독서자료 읽기(15분) • 문학으로 친교활동하기 공감 소통하기(이야기 속 인물들 마음 알기) • 문학을 실용적으로 활용하기 문학을 통해 이야기 속에서 발견한 문제 해결하기	

    책 선정부터 많은 준비가 필요한 '한 책 읽기' 수업에 활용할 수 있도록 국어교육학 석사논문을 준비하면서 슬로리딩을 독서 수업에 적용해본 사례를 소개하고자 한다.

    5학년을 대상으로 창의적 체험활동 시간을 활용해 실시했기 때문에 많은 차시로 수업을 할 수 없어 중요한 내용만 함께 읽으면서 4차시에 걸쳐 독서 수업을 진행했다.

    본 수업은 학생들의 인성교육을 실천해 보고자 실시한 수업이었기에 책 선정 시 가장 중요하게 고려한 것이 '타인 이해 및 공감과 소통'을 이야기할 수 있는 책을 고르는 것이었다. 그래서 선정한 책은 김려령의 『그 사람을 본 적이 있나요?』(김려령, 문학동네어린이, 2011)이다. 이 동화는 초등학교 고학년에 적합한 수준이면서 어른을 위한 동화이기도 하다.

    이 책은 액자소설의 형식으로 되어 있어 내부 이야기 중 건널목 씨의 등장(1단계), 불량배의 폭행 사건(2단계), 도희와 태석·태희 남매와의 만남(3단계), 건널목 씨가 떠남(4단계)으로 구분해 4차시로 나누었다. 차시별 흐름은 창의·인성 교수-학습 모형 중 소통 확장 모형(박인기 외, 『국어와 창의인성 교육 : 이론과 실천탐구-초등편』, 239~369쪽)을 적용해본 것이다.

1차시　건널목 씨의 등장

사회적 소외 계층들에 대한 생각 나누기

동기유발 활동으로 사회적으로 소외된 계층에 대해 생각을 나눠보았다. 먼저 사회적 약자에 대한 자신의 생각을 돌아보고 책의 내용에 들어가는 것이 좋을 것 같았다. 아이들에게 노숙자나 폐품 줍는 할머니, 할아버지의 사진을 보여주며 이들에 대해 평소에 어떤 생각을 가지고 있었는지 질문을 하고 이야기를 들어 보았다.

『그 사람을 본 적이 있나요?』 소개하기

동기유발 활동을 한 후 수업에서 함께 읽을 책에 대해 소개했다. 이 책은 액자소설 형식으로 되어 있으며, 액자소설이란 이야기 속에 또 하나의 이야기가 들어 있는 소설이라는 설명을 해주었다. 액자 역할을 하는 외부 이야기(오명랑 작가 이야기)와 책의 주제와 핵심이 담긴 내부 이야기(건널목 씨 이야기)로 나뉘는데 앞으로 수업에서 읽은 내용은 내부 이야기임을 설명해주었다. 그리고 15분간 건널목 씨가 등장하는 장면에 해당하는 분량(22~34쪽)을 읽는 시간을 가졌다.

책을 읽기 전에 아이들이 상상한 건널목 씨의 모습

문학으로 친교활동하기

이야기 속 인물에 대해 흥미와 호기심을 가지는 활동을 해 보았다. 책의 화자인 오명랑 작가가 들려주는 이야기가 실화일지, 지어낸 이야기일지 생각해보라고 했다. 실화라고 하는 아이들, 지어낸 이야기라고 하는 아이들의 의견이 분분했다. 심상치 않게 등장하는 건널목 씨는 어떤 모습일 것 같으냐고 물었다. 중년 아저씨 혹은 할아버지일 것 같다는 등 다채로운 대답이 나왔다. 각자 상상한 건널목 씨를 그림으로 그리는 활동도 했다. 건널목 씨에 대해 호기심과 흥미를 잔뜩 키운 다음에는 질문으로 생각을 확장하는 활동을 했다. "왜 건널목 아저씨는 교통 봉사를 시작했을까?"라는 질문으로 아이들과 의견을 나누어 보았다.

읽은 내용 정리하기

기억에 남는 장면에 대해 이야기를 나누고, 책 속 내부 이야기의 제목이 왜 '그리운 건널목 씨'인지 생각해보는 시간을 가지며 읽은 내용에 대해 정리하는 시간을 가졌다. 다음은 책을 읽은 후 활동지에 자신의 생각을 정리한 아이의 글이다.

> 1. 만약 우리 앞에 건널목 씨와 같은 사람이 나타난다면 어떤 반응을 보일까요?
> 나는 : 처음에는 조금 경계하고 조금 놀랐을 것 같지만 결국에는 매일 즐겁게 푹신~한 카펫 건널목을 건너고 건널목 씨께 인사도 하며 점점 적응하고 고마워할 것 같다.
> 우리 동네 사람들은 : 처음에는 길을 막는 건널목 씨에게 짜증을 내고 떠돌이라고 가까이 하지 않도록 할 것 같다. 하지만 점점 그 건널목을 건너본 사람이 많아지자 그 건널목의 중요성을 알 것 같다.

2차시 불량배를 만난 건널목 씨

건널목 아저씨의 첫인상 떠올리기

지난 시간에 처음 만났던 '건널목 아저씨'에 대한 첫인상을 떠올리며 이야기를 나눠 보았다. '수상한 사람', '떠돌이 아저씨', '노숙자', '고물상 주인' 등 자신이 처음 느꼈던 주인공의 첫인상을 자유롭게 이야기하며 지난 차시에 읽었던 내용을 떠올렸다.

초등학생 폭력 실태에 대한 기사 함께 보기

교육부가 발표한 '2018년 2차 학교폭력 실태조사'에 따르면 학교폭력 피해 학생 중 초등학생 비율이 49퍼센트로 학교폭력 피해자 2명 중 1명이 초등학생이라고 한다. 이러한 초등학생들의 폭력 실태에 대한 기사문과 학생들이 친구를 괴롭히는 사진을 보여주며 괴롭힘을 당한 경험이 있는지, 이런 상황을 목격하면 어떻게 대처해야 하는지 이야기를 나누었다. 수업에 참여한 대부분의 학생은 불량 학생에게 괴롭힘을 당한 경험보다는 가끔 학교에서 친구들에게 장난으로 맞은 경험이 많았으며 이런 상황을 목격하면 담임선생님께 말씀드린다고 했다.

문학을 나의 삶과 연결하기

아파트 주민들이 건널목 씨한테 관심을 두기 시작한 내용이 나오는 44쪽부터 66쪽을 15분 동안 읽고 나서 문학 경험을 나의 실제 삶과 연결하는 활동을 했다. 읽은 내용의 초반 부분에 중학생 불량배들에게 잡혀서 돈을 뺏기는 쌍둥이 형제의 이야기가 나오는데 이러한 상황에서 어떻게 행동하는 것이 옳은지에 대한 토론 활동을 했다. 건널목 씨가 쌍둥이 형제를 도와주려다 불량배들에게 흠씬 맞는 장면을 보며 초등학생 고학년이 저학년을 협박하는 것을 목격했다는 가정하에 "돈을 뺏기는 현장을 목격했을 때 바로 도움을 주어야 한다"라는 논제로 찬반 토론을 했다.

논제 : 돈을 뺏기는 현장을 목격했을 때 바로 도움을 주어야 한다.	
찬성 의견	반대 의견
• 도움을 요청하고 기다리는 동안 저학년 아이가 심하게 다칠 수 있으니 잠시 상황을 중지시키는 것이 좋다. • 경찰에 신고한 후 불량 학생에게 맞서고 있으면 그동안 경찰이 올 수도 있기 때문에 저학년 학생에게 도움이 될 수 있다. • 내가 도와주지 않아서 저학년 아이가 많이 다치면 죄책감이 생길 것 같다. • 혹시 내가 불량 학생들을 물리칠 수도 있다.	• 도와주려다가 나도 다칠 수 있기 때문에 무턱대고 바로 도와줄 수는 없다. • 건널목 씨 같은 어른도 심하게 맞았는데 나도 그렇게 맞으면 부모님이 슬퍼하실 것이다. • 비슷한 또래의 학생들이라고 해도 4명에게 혼자 맞서는 것은 힘들다. • 경찰에 신고한 다음 동영상으로 증거 자료를 찍어 놓는다. • 내 일도 아닌데, 내가 위험에 처할 필요는 없다. (소수 의견)

토론 활동 후에는 쌍둥이 형제 사건 후 건널목 씨에게 친절해진 주민들의 이야기를 다시 짚으며 나는 주변의 어려운 이웃을 어떻게 대하고 있는지 돌아보는 시간을 가졌다. 나쁜 첫인상으로 편견을 가지고 대하고 있지 않은지 자신의 태도를 되돌아보도록 한 것이다.

3차시 도희와 태석·태희 남매와의 만남

배려란 무엇인지 생각해보기

전시 내용을 확인하고자 건널목 씨가 왜 아리랑아파트에 와서 교통정리를 하고 있는지 예측했던(1차시) 나의 생각을 떠올려 보았다. 아이들은 "자원봉사 단체에서 나왔을 것이다", "모범택시 운전사일 것이다" 등으로 예측했는데 이번 시간에 읽어볼 내용에서 그 해답을 찾을 수 있었다.

동기유발 활동으로 배려란 무엇인지 생각을 나눠 보았다. 『아름다운 가치 사전』(채인선, 한울림어린이, 2005)을 활용해 문장을 만들어 보고 이야기를 나누는 활동을 했다. 『아름다운 가치 사전』의 내용처럼 배려에 대해 내가 실천할 수 있는 구체적인 행동으로 표현하는 문장을 쓰게 했다.

- 배려란, _____

아이들은 "할머니, 할아버지가 주무실 때 조용히 있는 것", "친구들이 책을 읽고 있으면 조용히 해주는 것", "버스에서 할머니, 할아버지나 아픈 사람이 있을 때 자리를 양보하는 것" 등 자신의 경험에 따라 실천할 수 있는 행동들을 이야기했다.

문학 경험을 활용해 문제 해결하기

책의 77쪽부터는 건널목 씨가 왜 전국을 돌아다니며 이런 일을 하고 있는지 그 배경을 알려주는 이야기가 나온다. 건널목 씨의 개인적 사정과 건널목 씨가 도희와 태석·태희 남매를 만나게 된 사연을 알 수 있는 128쪽까지 15분간 읽은 후 이야기 속에서 문제를 발견해 보는 시간을 가졌다. 건널목 씨의 쌍둥이 자녀는 학교 등굣길에 무단횡단을 하다가 자동차에 치여 하늘나라로 갔고 이후 건널목 씨는 직접 만든 건널목을 짊어지고 다니면서 건널목 설치를 건의하고 있었다. 건널목 설치는 행정적으로 예산이 많이 발생하기 때문에 건의를 한다고 해서 바로 해결될 수는 없는 사안이다. 책 속에서 건널목 설치 문제로 대립하고 있는 아파트의 주민과 구청의 입장을 정리하고 토론하는 활동을 했다. 문제 해결을 위한 토론을 하려면 자료를 조사하는 시간도 필요한데 한 차시로는 시간이 부족했기 때문에 두 차시로 시간을 늘려 수업을 진행했다.

공감 소통하기

건널목 씨가 초등학생 아이들을 만나는 장면 속 또래 친구들의 마음에 공감하고 소통하는 활동을 했다. 자녀를 교통사고로 잃은 건널목 씨, 부모의 싸움과 무관심에 항상 동네를 배회하는 도희, 부모님 없이 어린 동생을 돌보며 지하방에 살고 있는 태석·태희 남매의 사연을 함께 살펴보고 사회적으로 어떤 도움을 주면 좋을지 고민해 보았다. 또한 자신이 가장 위로해주고 싶은 인물을 골라 마음을 담은 편지를 쓰는 활동을 했다. 다음은 아이들이 쓴 편지 내용이다.

To 도희 언니에게

도희 언니, 부모님 때문에 많이 속상했지? 나도 부모님이 매일 싸우시면 언니처럼 참 많이 속상할 거야. 그런데도 태희와 태석이에게 친절하게 이야기하고 그래서 한편으로는 대단한 것 같아.

부모님 때문에 너무 서러워하지 말고 집에 데려오지 못하더라도 친구를 사귀었으면 좋겠어. 언니를 정말 좋아해 주고 이해해 주는 친구가 많을 거야.

To 태석에게

엄마, 아빠가 모두 떠나셔서 많이 힘들지? 어린 동생까지 봐야 해서 더욱 더 무거운 짐을 지고 있는 기분일 거야. 어떻게 삶의 방향을 잡아야 할지 감을 잡기가 힘들겠지만 마음을 열고 웃음을 잃지 않으면 분명히 좋은 결과가 있을 거라고 믿어. 언제나 동생과 함께 밝은 미래를 꿈꾸며 힘내! 열심히 노력하면 네가 꿈꾸던 미래가 찾아올 거야. 힘내!

4차시 건널목 씨와의 이별

칭찬하는 활동하기

전시 내용을 확인하기 위해 건널목 씨의 등장부터 도희, 태석, 태희와의 만남까지 지난 시간 동안 읽은 내용 중 중요한 부분만 짧게 정리하고 마지막 이야기는 어떻게 마무리될지 상상해 보는 시간을 가졌다.

그리고 3차시까지 읽은 내용을 바탕으로 건널목 씨를 칭찬하는 활동을 했다. "건널목 씨를 칭찬합니다. 왜냐하면~" 하는 식으로 이유를 덧붙여 이야기를 하면 된다. 아이들은 "아침마다 교통정리를 해주셔서 칭찬합니다. 왜냐하면 자동차 사고가 날 수도 있기 때문입니다", "쌍둥이 형제를 불량배에게서 구해 주신 것을 칭찬합니다. 왜냐하면 쌍둥이 친구들이 맞아서 다칠 수도 있었기 때문입니다" 등 자신이 가장 칭찬하고 싶은 건널목 씨의 행동에 대해 이야기했다.

문학으로 친교활동하기

마지막 차시에는 지난 시간에 읽은 내용에 이어 마지막 쪽까지 읽고 이야기에 나타난 인물의 마음을 알아보기로 했다. 집을 나갔다가 다시 돌아온 엄마를 만난 태석이 남매의 마음과 가정형편 때문에 돈을 벌기 위해 떠날 수밖에 없었던 엄마의 마음을 살펴보았으며, 건널목 씨는 왜 떠났을지 추측해 보고 건널목 씨 대신 교통 봉사를 시작한 태석이는 어떤 마음일지 이야기하면서 각 인물들의 상황을 공감하고 이해해 보았다.

문학을 실용적으로 활용하기 1

문학 내용을 동원해 이야기 속에서 발견한 문제를 현실적으로 해결하는 방법을 찾는 활동을 했다. 오명랑 작가가 어린 시절을 회상하는 방식으로 건널목 씨의 이야기를 전하는 소설은 마지막에 "비슷한 사람이라도 보면 꼭 알려 주면 좋겠어. 부탁해. 꼭!"이라고 말하며 건널목 씨에 대한 그리움을 표현한다. 아이들에게 건널목 아저씨를 찾아낼 수 있는 방법을 생각해 보자고 제안했더니 경찰서나 동사무소에 가서 문의하겠다는 의견, 사람을 찾는 광고를 낸다는 의견이 많았다. 시간이 부족해 광고문 쓰기나 광고를 만들어 보는 활동까지 이어지지 못한 점이 아쉬웠다.

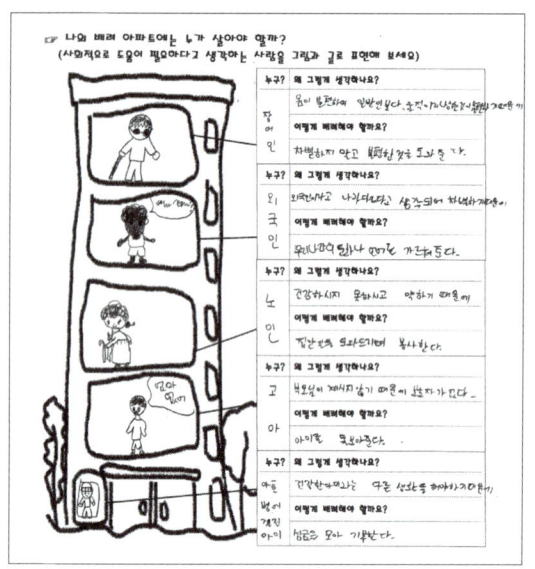

배려 아파트에는 누가 살면 좋을까?

문학을 실용적으로 활용하기 2

책 속에는 태석·태희 남매처럼 도움이 필요한 인물들이 등장한다. 활동지에 아파트 모양의 집을 그린 후 '배려 아파트'라고 이름짓고 여기에는 어떤 사람들이 살면 좋을지 써 보는 활동을 했다. 사회적으로 도움이 필요하다고 생각하는 사람은 누구이며 왜 그렇게 생각하는지, 실제로 어떻게 배려해 주면 좋을지에 대한 질문에 아이들은 이렇게 답했다.

장애인 : 몸이 불편해 일반인보다 움직이는 것이 힘들기 때문에 차별하지 않고 불편한 것을 도와준다.

노인 : 건강하지 못하고 약하기 때문에 집안일을 도와드리는 봉사를 한다.

외국인 : 나라가 다르다고 차별받을 수 있기 때문에 우리나라의 문화나 언어를 가르쳐 준다.

그밖에도 '고아', '병에 걸린 아이', '임산부', '폐지 줍는 할머니' 등을 배려해야 한다는 의견도 있었다. 책을 함께 읽은 후 어떤 생각을 하게 되었는지 이야기하는 시간에 아이들은 힘들어 보이는 사람들을 그냥 무심코 지나쳤었는데 그 사람들을 위해 기부도 하고 봉사활동도 하겠다고 하거나 주변에 어려운 사람들이 없는지 살펴보겠다고 하면서 자신의 삶 속에서 배려를 실천하려는 의지를 보였다.

주제와 활동을 중심으로 한 독서 수업을 통해 학생들은 책을 많이 읽는 것보다 한 권의 책을 천천히 깊게 읽는 즐거움을 알게 되었다. 함께 읽고 서로의 생각들을 나누면서 책에 대한 이해를 넓히고 세상을 보는 눈과 마음을 키울 수 있었다. 빠름을 추구하는 사회에서 느림의 미학을 경험한 것이다. 본 수업이 끝난 이후에도 학생들은 이 책에 대한 이야기를 많이 했다. 책 속의 주인공, 함께 공감하면서 나눈 이야기들을 다 기억하고 있으며 다시 읽고 있다는 학생들도 있었다.
아이들과 제대로 된 책 읽기를 하고 싶다면, 교사와 아이들이 함께 천천히 깊게 읽을 수 있는 슬로리딩을 추천한다.

| 고학년 |

저작권 올바르게 이해하기

이윤희 용인 소현초 사서교사

인간이 창조적 활동이나 경험 등으로 창출했거나 발견한 지식, 정보, 기술 중 재산적 가치가 되는 모든 것들에 법이 부여한 권리를 '지식재산권'이라고 한다. 지식재산권은 크게 저작권과 산업재산권으로 나눌 수 있는데, 저작권은 미술, 음악, 문학, 설계, 소프트웨어 등 문화예술 분야의 창작물에 부여된 권리이고, 산업재산권은 특허권, 상표권, 실용신안권 등으로 세분해 부여된 권리이다. 과제를 해결할 때 책이나 인터넷 자료를 많이 활용하고, 스마트폰으로 아이돌 음악이나 동영상 등을 다운받아 감상하는 요즘 학생들은 저작권에 대해 얼마나 알고 있을까.

5학년 도덕 교과서를 보면 저작권 수업과 연계할 수 있는 단원이 있다. 개인정보와 저작권에 관련된 문제와 해결능력을 기르기 위한 내용을 한 차시 분량으로 다루고 있다. 이 내용과 연계해 사례 중심으로 저작권에 대해 알아보고, 저작권 존중을 위한 실천 방법 중 하나인 출처 쓰기를 직접 해 보는 활동으로 구성해 2차시 수업을 진행했다.

저작권 수업과 연계할 수 있는 「도덕」 교과 단원

단원	주요 활동 내용	도서관 활용
「도덕」 5-1-4 밝고 건전한 사이버 생활	- 개인 정보와 저작권의 의미 알기 - 개인 정보와 저작권이 침해되는 사례 분류하기 - 개인 정보와 저작권을 존중하기 위한 실천 방법 찾기	- 저작권이 있는 다양한 자료 알기 - 글쓰기에 필요한 자료 조사해 보고 출처 써 보기

저작권 올바르게 알고 출처 쓰기 수업 흐름

관련 교과	「도덕」 5-1-4 밝고 건전한 사이버 생활
수업목표	저작권에 대해 이해하고 올바르게 출처 쓰는 방법 배우기
수업준비물	「그림 도둑 준모」, 저작권 침해 관련 기사
수업 내용	**1차시 : 저작권에 대해 이해하고 토론해보기** • 동기유발 : 「그림 도둑 준모」 함께 읽고 토론하기 • 「저작권 수호, 바로 당신의 권리를 지키는 길입니다!」 보고 저작권에 대해 이해하기 • 저작권 침해 사례에 관한 신문기사 읽어보기 • 원숭이 셀카 사진의 저작권 소송 신문기사를 읽고 토론하기 **2차시 : 출처 올바르게 쓰기** • 두 권의 책을 골라 내용을 옮겨 쓰고 출처 써보기

1차시 저작권에 대해 이해하고 토론해보기

『그림 도둑 준모』 함께 읽기

동기유발 활동으로 『그림 도둑 준모』(오승희, 낮은산, 2003)의 일부를 함께 읽었다. 준모는 상을 타서 엄마를 기쁘게 하는 것이 소원인 초등학생이다.

교내 불조심 그림 그리기 대회에 참가한 준모는 입상에 대한 기대를 가지고 그림을 제출하지만, 같은 반 친구 예린이가 자기보다 그림을 더 잘 그린 것을 보고 실망한다. 방과 후 책을 가지러 교실에 간 준모는 이름을 쓰지 않은 예린이의 그림을 보게 되고, 우연히 선생님과 마주친다. 선생님은 예린이의 그림을 준모가 그린 것으로 오해하고, 준모는 이를 바로잡지 못한다. 불조심 그림 그리기 대회에서 상을 받게 된 준모는 당황하고, 준모가 상을 받아서 엄마가 기뻐하는 모습이 담긴 장면까지 읽고 아이들과 함께 준모의 행동에 대해 이야기를 나누었다.

이름을 쓰지 않고 제출한 예린이, 준모에게 정확하게 물어보지 않고 예린이의 그림을 준모의 작품이라고 생각한 선생님, 예린이의 그림이라고 밝히지 않고 상이 자신의 것이 아니라고 말하지 않은 준모, 아이들은 이 세 사람 모두에게 책임이 있다는 의견이었다. 준모가 정직하게 상을 받지 말아야 한다는 의견이 대부분이었다. 충분히 서로 의견을 나눈 후 저작권에 대해 설명해 주었다. 책에서는 선생님이 예린이의 작품에 준모의 이름을 쓴 것으로 나오지만, 만약 준모가 예린이의 작품을 자신의 것으로 말했다면 그림을 도둑질한 것과 다름없다고 설명하며 '저작권'이 이런 도둑질을 막기 위해 존재하는 것임을 알려주었다.

저작권과 저작권 침해 사례에 대해 알아보기

저작권에 대한 내용은 길게 설명하지 않고 만화 「저작권 수호, 바로 당신의 권리를 지키는 길입니다」(박소희 글·그림, 만화저작권 보호협의회 불법스캔만화 신고센터, 서울문화사)의 한 장면을 보여주었다. 장래희망이 캐릭터 디자이너이면서 만화를 불법으로 다운받아 사용하던 학생이 10년 후 자신이 그린 캐릭터를 도용당하는 내용이 담긴 짧은 만화이기 때문에 간단하게 볼 수 있었다. 만화를 보면서 지금 무심코 저작권을 침해한 행동이 언젠가는 자신에게로 되돌아올 수 있고 창작자의 창작 의지와 노력을 헛되이 하는 행동임을 알려주었다.

저작권을 침해한 사례로 아이들도 쉽게 위반할 수 있는 음악과 관련된 사례를 살펴보았는데, 자신의 블로그에 팝송 한 곡을 올린 50대 아저씨가 벌금을 낸 사건과 블로그에 음악 듣기 링크만 걸었는데 벌금을 내야 했던 사례를 알려 주었다. 또한 산업재산권 중 특허권 분쟁의 사례로 대표되는 애플과 삼성 간의 스마트폰 특허 침해 소송 사건을 신문 기사로 보여 주며 기업들 간의 산업재산권은 기업의 제품 생산 및 이미지 등에 큰 영향을 준다는 것을 알려주었다.

애플 삼성 간 스마트폰 특허 침해 소송 관련 신문기사

「둥근 모서리는 모두 애플 것? '기가 찰 평결'」, 이동인 기자, 〈매일경제〉, 20120.08.26.

「美특허청, "아이폰 둥근 모서리 특허권 무효"」, 전준범 기자, 〈조선비즈〉, 2015.08.18.

「삼성, 스마트폰 디자인소송 애플 이겼다」, 신현규·오찬종 기자, 〈매일경제〉, 2016.12.07.

저작권 소송 사례에 대해 토론해보기

동물에게도 저작권이 있을까? 2011년, 원숭이가 직접 찍은 셀카 사진이 세계 언론의 주목을 받은 적이 있다. 사진작가 데이비드 슬레이터는 인도네시아의 한 섬에서 멸종위기종인 검정짧은꼬리원숭이 무리와 마주쳤는데, 그중 한 마리가 카메라를 훔쳐서 자신의 얼굴을 스스로 찍은 사진이 세계적으로 인기를 끈 것이었다. 온라인 사이트 〈위키피디아〉 측에서 이 사진을 공용 라이센스 페이지에 게시했고, 슬레이터는 공식적으로 삭제할 것을 요청했으나 "원숭이가 스스로 찍은 사진이기 때문에 사진작가가 저작권자가 될 수 없다"며 삭제 요청을 거절하면서 2014년부터 법정공방이 시작되었다. 이때 동물보호단체 PETA도 나서서 원숭이가 사진의 저작권을 가지기 때문에 사진으로 인해 발생하는 수익을 원숭이 보호에 사용할 수 있도록 자신들을 원숭이 저작권 관리 대리로 지정해달라는 소송을 냈다.

  PETA와의 소송 내용까지 신문기사로 보여주고 "원숭이가 찍은 셀카의 저작권은 누구에게 있을까?"라는 주제로 토론을 했다. '저작권'은 딱딱하고 어려운 주제라 재미있게 수업하기가 쉽지 않은데 원숭이가 환하게 웃고 있는 사진을 보여주니 아이들은 즐거워하며 수업에 동참했다. 본교는 5학년 한 학급당 인원이 28~29명인데 그중 3분의 2 정도의 아이들이 "원숭이가 직접 사진을 찍었기 때문에 원숭이에게 저작권이 있다"라는 의견을 냈다. "사진작가에게 저작권이 있다"라고 말한 아이들은 "원숭이가 남의 카메라를 훔쳤기 때문에 오히려 절도죄가 있다", "법은 사람에게만 해당되기 때문에 저작권은 인간만 가질 수 있다", "사진에 대한 권리는 카메라의 주인에게 있다" 등의 근거를 들었다.

  원숭이 사진의 저작권 소송은 2016년 1월 미국 법원이 "동물에게는 저작권이 없다"라고 판결을 내리며 슬레이터의 승소로 마무리되었다. PETA와의 소송은 2017년 9월 슬레이터와 PETA가 상호합의하에 재판 절차를 중지하고, 원숭이 셀카 사진으로 발생한 수익의 25퍼센트를 인도네시아의 검정짧은꼬리원숭이를 위해 쓰는 것으로 마무리했다. 토론을 마친 후 소송의 결과를 아이들에게 알려줬는데 아이들은 원숭이를 위한 수익금이 25퍼센트밖에 되지 않는 것에 아쉬워했고, 몇몇은 더 자세히 알아보기 위해 인터넷으로 기사를 찾아보기도 했다.

2차시: 출처 올바르게 쓰기

책 내용 옮겨 쓰고 출처 써 보기

2차시에는 예전에 읽어본 책 중 지식을 전달하는 책과 동화책 두 가지를 골라 훑어 읽기를 한 후 인상적인 내용을 활동지에 옮겨 쓰고 출처까지 써 보는 활동을 했다. 과제를 해결할 때 참고하고 인용한 책, 잡지, 인터넷 자료의 출처 쓰는 방법과 출처를 쓸 때 출판연도를 찾을 수 있는 판권지에 대해 설명해주었다.

출처 옮겨 쓰기 활동지

	지식책을 읽고 다른 사람에게 알리고 싶은 내용을 옮겨 써 보세요.
주제	죄형법정주의란?
내용	어떤 죄를 지으면 어떤 벌을 줄 것인지를 미리 정해놓지 않았다. 그래서 똑같이 도둑질을 하면 신분에 따라 벌이 달랐다. 더 이상 이런 일이 일어나지 않도록 하기 위해 만들어졌다.
출처	황근기, 『세상 모든 법률가의 법 이야기』, 꿈소담이(2008), 82쪽

	동화책을 읽고 다른 사람도 공감할 만한 감동적인 내용을 옮겨 써 보세요.
주제	우울한 날
내용	식구란 모두 함께 모여서 밥을 먹어야 한다. 하지만 우리 집은 식구들이 모두 모여서 밥을 먹어본 적이 거의 없다. 엄마가 저녁에 퇴근하는 날에만 겨우 세 식구가 모여서 밥을 먹을 수 있다. 하지만 그것도 한 달에 며칠 되지 않는다. 혼자 먹는 밥은 너무 맛이 없다. 아무리 맛있는 반찬이 눈 앞에 있어도 먹고 싶지 않다. 엄마는 우리가 왜 밥을 먹기 싫어하는지 그 이유는 모르는 모양이다.
출처	김선희, 『흐린 후 차차 갬』, 비룡소(2001), 116~117쪽

지식 책에서는 다른 사람에게 알리고 싶은 정보를, 동화책에서는 다른 사람과 함께 공감하고 싶은 내용을 옮겨 써 보라고 알려줬더니 책의 줄거리를 요약해 독서록을 쓰는 것이 익숙한 아이들은 옮겨 쓰라는 말의 의미를 잘 이해하지 못하고 뒤표지의 소개글을 쓰거나 자신이 책을 소개하는 내용을 쓰기도 했다. 과제를 할 때 책을 인용하는 과정, 책 속의 감동적인 문장을 옮겨 쓰는 예를 보여준 후 다시 옮겨 쓰고 출처를 쓰는 활동을 했다. 몇몇 아이들은 책의 대목을 옮겨 쓴 이유를 잘 설명하지 못하고, 공감하기 어려운 내용을 옮겨 쓰기도 했지만, 평소에 책을 많이 읽는 아이들은 공감이 되는 내용을 잘 옮겨 적었다.

불법복제로 인한 저작권 침해 사례가 점점 늘어나고 있다. 음악, 사진, 동영상, 영화 등을 불법으로 다운받아 사용하거나 다른 사람의 글을 베껴 쓰는 등의 행위는 누구나 쉽게 할 수 있고 초등학생들도 예외가 아니다. 누군가의 경험과 노력으로 만들어진 창작물은 사용하고자 하는 사람이 비용을 지불할 만큼 가치 있는 것이라는 인식을 갖고, 실생활에서 저작권 을 침해하지 않도록 체험적으로 느끼는 교육이 초등학생 때부터 이루어져야 한다. 학생들이 도서관에서 다양한 자료를 활용해 조사를 할 때에도 정확한 출처나 참고문헌 쓰기를 습관화할 수 있도록 지도해야 할 것이다.

도서관
정보활용수업

| 고학년 |
학생이 스스로 탐구하는 도서관 정보활용수업

박순혜 서울 신용산초 사서교사

도서관 정보활용수업은 '조사 주제 선정 - 책과 인터넷에서 자료 찾기 - 자료 선정하기 - 보고서 작성하기' 등의 과정으로 이루어진다. 5학년 학생들을 대상으로 한 정보활용교육에서는 다음 두 가지를 학습 목표로 잡았다.

첫째, 주제에 대한 자료를 탐색, 분석, 정리, 종합하는 정보활용능력을 기른다.
둘째, 학습자 중심의 자료 탐구학습으로 자기주도 학습능력을 기른다.

수업 진행은 강의식보다 학생 스스로 자료를 탐구하는 자기주도 학습 형태로 진행했다. 여건이 된다면 조사 주제와 관련해 견학과 체험을 해보는 것도 좋다. 1단계로 유튜브 영상, 다큐멘터리, 다양한 읽기 자료 등을 보며 동기 유발을 하고, 2단계에서 견학이나 체험을 해볼 수 있다. 3단계에서 자료를 조사한 후, 4단계에서 각자의 기준에 맞춰 보고서를 작성한다. 2단계 견학은 생략해도 무방하다. 수업은 다음과 같이 구성해 보았다.

5학년 도서관 정보활용수업 흐름

학습목표	조사 주제에 관한 자료를 탐색, 정리, 표현할 수 있는 능력을 기른다
수업단계	수업 내용

수업 내용	**1단계 : 동기유발 및 조사주제 선정하기**
	• 조사 주제 정하기
	   교과서나 시사 문제에서 조사하고 싶은 주제 정하기
	• 모둠 구성 및 자기 소개하기
	   포스트잇을 이용해 모둠 구성하기
	   스티커 게임을 통해 자기 소개하고 모둠원과 친해지기
	• 주제에 관한 배경지식 알기
	   조사 주제 '동북공정'과 관련해 드라마 〈더킹 투 하츠〉 감상하기
	   중국이 발표한 만리장성 지도와 신문 보기
	   역사를 다룬 게임 살펴보면서 이야기 나누기
	
	2단계 : 자료 탐색하기
	• 자료 조사 방법과 기록 방법 배우기
	   일반 자료 검색하기
	   도서관에서 자료 찾기
	   인터넷에서 자료 찾기
	• 자료 조사하기
	   마인드맵을 이용해 자료 조사 범위 명확하게 하기
	   배경지식이 부족할 시 넓은 범위의 주제로 탐색하기
	
	3단계 : 조사한 자료 정리하기
	• 정보 종합하기
	   조사한 자료를 비교, 대조, 분류하고 공통점을 찾아내 조직하기
	   보고서 쓰기, 파워포인트 만들기, 역할극하기 등 표현 방식 결정하기
	• 조사한 내용 정리하기
	   보고서 형식으로 정리하기
	
	4단계 : 정보 표현하기
	• 보고서로 표현하기
	• 책 만들기로 표현하기
	• 실물자료로 표현하기
	   고구려 역사에 관한 게임 규칙 및 스토리 만들기
	   미니 우드락에 게임 모형 만들기
	• 모둠별 발표 및 전시

1단계 동기 유발 및 조사 주제 선정하기

조사 주제 정하기

교과 수업과 관련해 주제를 생각해 보고, 시사적인 주제에 대해서도 정보를 탐색해 본다. 예를 들어, 사회과에서 찾은 주제로는 '세계 문화유산', '한국의 궁궐', '기후에 따른 집의 형태' 등이 있고, 시사 문제로는 '동북공정' 등이 있었다. 교과 수업과 연계해 협력 수업으로 진행하면 좋으나 사서교사의 단독 수업이나 방학 중 프로젝트 수업으로 진행할 수도 있다. 일반적으로는 사회, 과학 교과와 연계해 도서관 정보활용수업을 진행하곤 하지만, 세상의 모든 지식을 다루는 도서관에서는 모든 교과와의 연계 수업이 가능하다.

학기 중에 진행할 때는 교과 진도와 비슷한 시기에 하는 것이 학생들의 관심을 불러 일으켜 적극적인 참여를 끌어낼 수 있고, 방학 중 수업으로 계획할 경우에는 새 학기에 배울 내용을 미리 하는 것이 효과적이다.

주제에 관한 배경지식 알기

조사할 주제가 정해지면 정보를 탐색하는 활동을 하기 전에 배경지식에 대한 지도가 필요하다. 배경지식이 있을 때 정보 탐색을 더 적극적이고 효과적으로 할 수 있기 때문이다. 조사 주제와 연관된 드라마나 영화, 지도와 같은 시청각 자료를 이용해 배경지식을 알려주기도 하고, 정보를 탐색한 후 만들 보고서에 대해 미리 안내를 해줄 수도 있다.

동북공정을 주제로 한 정보활용수업에서는 드라마 〈더킹 투 하츠〉를 함께 시청하고, 중국이 발표한 만리장성 지도를 보고 동북공정의 문제점에 대해 이야기를 나누었다. 또 일본과 중국이 영토 분쟁(일본명 센카쿠 열도, 중국명

댜오위다오)을 겪고 있는 중에 중국에서 만들어낸 게임에 대한 이야기와 우리나라 역사를 재미있게 다룬 한 게임의 시놉시스를 보며 정보 탐색 후 보고서 외에도 다양한 형태의 표현물을 만들 수 있다는 것을 알게 했다.

2단계 자료 탐색하기

일반 자료 검색하기

사전이나 책, 백과사전, 인터넷 등에서 자료를 찾을 때 다음과 같은 사항을 유의해서 찾도록 지도한다.

① 일반적인 단어보다는 특별한 단어를 사용해서 검색하도록 한다. 일반적인 단어를 사용하면 검색 결과가 너무 많아서 혼란스럽다. 원하는 내용을 곰곰이 생각해 보고 특별한 단어로 찾는 것이 좋다. 특별한 단어란 포괄적인 뜻을 가진 단어가 아니라 범위가 한정되는 단어를 말한다. 예를 들어 '풍습'이라는 단어는 사전적 의미로 풍속과 습관을 아우르는 말로 품고 있는 뜻이 아주 많다. '혼례풍습', '장례풍습'과 같이 한정된 뜻을 가진 단어로 검색할 때 내가 원하는 자료를 더 잘 찾을 수 있다. 사전적인 뜻이나 연관 검색어를 이용해 특별한 단어를 추출해낼 수도 있다.

> 풍습 - 혼례풍습, 장례풍습, 기자의례, 한국전통, 전통놀이

② 검색어를 사용한다. 평상시 사용하는 단어나 문장보다는 중요한 단어를 골라 검색한다. 또는 단어들을 조합해서 검색한다. 일반적으로 쓰는 입

말(=자연어)이 아니라 정제된 표현을 말하는 것이다. 백과사전이나 사회용어사전, 과학 용어사전 등의 사전에 나온 단어들을 이용해 검색하면 내가 원하는 정확한 자료를 찾을 수 있다.

> 백과사전에서 추출한 검색어를 사용한다.

③ 비슷한 단어나 관련 분야를 생각한다. 포털사이트의 연관 검색어, 포털사이트에서 제공하는 어린이 백과사전 등을 활용해 관련 분야의 단어들을 찾고 검색어로 활용한다.

> 문화재 - 문화유산 - 국보 - 보물

④ 결과 내 재검색 기능을 이용해서 범위를 좁혀 간다.

도서관에서 자료 찾기

도서관 검색 프로그램을 이용할 수도 있으나 그 전에 분류번호로 접근할 수 있도록 지도한다. 백과사전, 단행본, 인터넷, 신문기사 등 우리가 찾을 수 있는 자료들에 대해 생각해 보고 찾아야 할 주제가 한국 십진분류에서는 어느 분야에 속하는지도 살펴보고 자료를 찾는다. 가장 쉽게 접근할 수 있는 백과사전을 통해 검색어(키워드)를 추출해낼 수 있다. 이렇게 만들어진 검색어로 단행본을 먼저 검색해 본다. 자료를 찾으면 내가 찾고 있는 정보가 들어 있는지 차례를 통해 살펴본다. 그리고 자신이 찾는 정보가 있다고 생각되면 찾은 자료를 정리하면 된다.

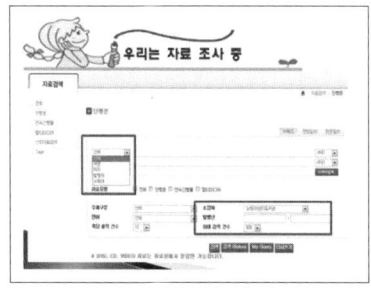 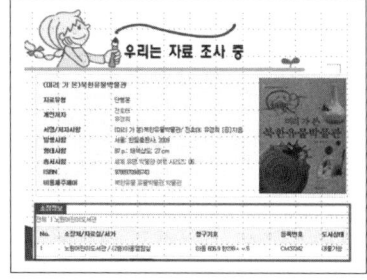

1. 도서관 검색 프로그램에서 자료를 찾을 때는 분류번호로 접근할 수 있도록 지도해야 한다

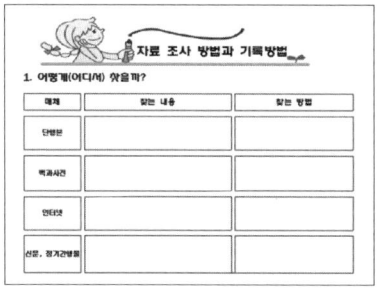

2. 자료를 찾고 나서 어떤 매체에서 찾은 자료인지 기록해본다

> **Tip** 자료의 출처를 적는 방법도 참고 자료로 만들어 보여준다.
>
> 찾은 자료(정보)는 어떻게 적을까?
> 1. 단행본
>   지은이, 『책 제목』, 발행지 : 발행처, 발행연도, P.00~00
>   예) 강응천, 『한국사 탐험대 5』, 서울 : 웅진주니어, 2006, p.48~53.
> 2. 인터넷
>   지은이, 「글의 제목」, 「사이트명」 0000년 00월(인터넷 주소)
>   예) 한국학중앙연구원한국역대인물종합시스템, 「연개소문」, 「한국사종합정보시스템」,
>   2012년 7월(http://people.aks.ac.kr/front/tobcon/ppl/pplview.oks?pplId=ppl_2kk
>   ra999_1_0007230)
> 3. 정기간행물
>   지은이, 「기사제목」, 〈정기간행물명〉 0000년 00월, P.00~00

인터넷에서 검색하기

인터넷에서 검색할 때는 포털사이트가 아닌 신뢰할 수 있는 정보를 제공하는 공공기관이나 전문가, 대학 등의 자료를 찾도록 알려 준다. 분야별로 특화된 웹 사이트를 이용하도록 유도한다. 예를 들어 문화재에 대해 자료를 찾을 때는 문화재청, 국사편찬위원회, 국립중앙도서관, 어린이 국립민속박물관 등의 사이트를 알려준다. 특화된 웹사이트 몇 곳을 알려주면 스스로 다른 사이트를 생각해내는 경우를 볼 수 있다.

어디서부터 시작해야 할지 막막할 때는 우선 관련 뉴스를 찾아보고 뉴스에서 얻는 정보를 바탕으로 검색어를 만들어 본다. 더불어 한국언론재단이 운영하는 공익적 기사 검색 사이트인 카인즈(http://www.kinds.or.kr)를 알려줄 수도 있다.

3단계 조사한 자료 정리하기

정보 종합하기

학생들이 자신이 찾은 자료들을 문제에 맞춰 선별, 발췌한 후 주제에 맞게 재구성해 종합적으로 표현할 수 있도록 하는 과정이다. 학생들은 자신이 찾은 정보의 객관성, 정확성, 적합성 등을 주제와 맞추어 비교, 대조, 분류하고 정보자료의 공통점을 찾아내 조직해야 한다. 그리고 이러한 자료들을 어떤 방법으로 전달할지 표현하는 방식을 결정해야 하는데 보고서 쓰기, 파워포인트 만들기, 역할극하기 등 다양한 방법이 있다.

정보 분석과 해석의 일반적인 방법들은 앞서 다루었던 '읽기 전략을 활용한 독서교육'에서 대략적인 수업이 이루어졌다. 예를 들어, 배경지식 활성화, 내용 요약하기, 사실과 의견 구별하기, 시각자료의 활용 등이 그것이다. 정보 종합하고 표현하기 수업에서는 가장 기본적인 글쓰기인 보고서 쓰기와 책 만들기, 파워포인트로 만들어 발표하기 등을 진행했다.

조사한 내용 정리하기

찾은 자료를 정리할 때, 마인드맵을 이용해 범위를 확대하거나 좁혀 정리하게 했다. 처음 자료를 탐색할 때는 찾는 자료의 범위를 명확하게 하기 위해 마인드맵을 이용해 탐색하는 것이 바람직하지만, 배경지식이 부족한 경우 범주화가 어렵기 때문에 자료 탐색 시에 주제를 넓게 해 탐색하도록 했다.

이런 맥락으로 '초등학생을 위한 정보문제 해결 모형'[1] 5단계 중 1단계 '나만의 문제 만들기' 자료를 찾은 뒤에 정보를 읽고 정리하는 과정에서 마인드맵을 이용해 기준을 정하고, 나만의 문제를 만들어 보는 방법을 선택해 수업했다.

초등학생을 위한 정보문제 해결 모형
1단계 나만의 문제 만들기
2단계 정보원 찾아 가려내기
3단계 정보 읽고 정리하기
4단계 문제 해결하고 표현하기
5단계 평가하기

---

1) 송기호·이상훈·이승길·이수경, 「독서를 통한 정보문제 해결능력 기르기」, 서울 국민독서문화진흥회, 2005.

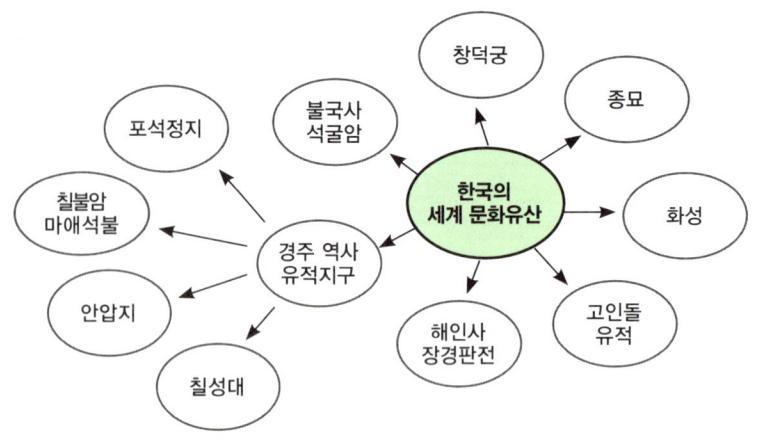

마인드맵으로 자료 정리 기준 정하기

　예를 들어 '우리 문화재에 대해 조사해보자'라는 주제로 자료를 찾을 때는 문화재, 궁궐, 유적지 등의 주제어로 다양한 자료를 찾은 뒤에 각자 자신만의 기준을 정해 자료를 정리하게 했다. 우리 문화재의 역사에 대해 정리할 것인지, 문화재가 어디에 위치해 있는지를 기준으로 정리할 것인지 등 어떤 기준으로 자료를 정리할 것인지 마인드맵을 그리며 윤곽을 잡을 수 있다. 조사한 자료의 차례를 살펴보는 것도 기준을 정할 때 도움이 된다.

　자료의 기준을 정한 뒤에 보고서를 작성하게 했는데, 일반적인 순서를 알려주고 그에 맞게 작성하도록 했다. 먼저 보고서의 표지를 작성하는데, 표지에는 제목과 작성자를 적어야 한다. 보고서의 형태에 따라 조금씩 달라지는 부분이 있는데 책의 형태로 만들 때는 제목, 작성자, 표지 그림, 출판사 이름 등을 적게 했다. 이때 보고서의 제목이 매우 중요하며 보고서를 통해 전달하고자 하는 내용이 제목에 담겨야 한다고 설명해줬다. 자료를 정리했던 기준을 적용하면 좀 더 명확한 제목을 만들 수 있다.

　다음으로, 조사한 내용을 정리할 때는 자료 조사의 이유와 새로 알게 된

보고서	주제 :	결론)
제목 : _____	관련 교과 :	
	질문 1) 한국의 세계 문화유산에는	참고문헌)
	질문 2) 새롭게 알게 된 내용은…	
모둠원 이름 : _____	질문 3) 문화유산 보호를 위해 내가 할 수 있는 일은…	
표지	내용 정리	결론

보고서 정리하는 방법

점을 함께 정리해야 한다. 이때 핵심적이고 전체적인 목적이 드러나도록 조사하게 된 배경이나 키워드 등에 대한 설명도 들어가야 한다.

마지막으로, 결론 부분은 조사를 통해 알아낸 정보에 자신의 생각을 곁들여 조사한 내용과 새로 알게 된 점 등을 정리할 수 있도록 한다.

4단계 정보 표현하기

보고서로 표현하기

학생들에게 보고서 형식을 예시로 보여주는데, 처음에는 보고서에 작성해야 하는 내용들을 문제 형식으로 제시한다. 학습자에 따라 따라할 수 있는 보고서 형식도 달라지기 때문이다. 교사는 보고서의 완성도를 높이고자 미리 보고서 틀을 만들어 제시해서는 안 된다. 또한 내용 정리를 모두 학생에게 맡기는 것도 지양해야 한다. 학교, 학년, 학급, 학생(학습자)에 따라 제시하고 가르치는 깊이와 방향은 교사가 조절해야 한다.

보고서에 기록해야 할 내용과 더불어 내용을 효과적으로 전달하기 위해 시각적으로 나타낼 수 있는 표, 그래프, 그림, 사진 등을 이용할 수 있도록 지도해야 한다. 정보문제 해결과정에서 교사나 학부모는 학생이 정보원의 문장 전체를 베껴 쓰지 않도록 지도해야 하고, 문제에 대한 답을 찾을 수 있는 중심단어를 찾게 한다. 문제 해결에 필요한 자료의 인용 표시를 할 수 있도록 다시 한 번 주지시키는 것도 필요하다.

책 만들기로 표현하기

이 수업에서는 여러 사람이 함께 조사한 자료를 정리하기에 좋은 '지그재그책'의 형태를 선택했다. 책 만들기의 첫 번째 과정으로, 각 페이지를 담당할 모둠원을 정하고 정리해야 할 내용은 무엇인지 모둠 구성원의 수에 맞게 제시했다. 이렇게 한 이유는 정보를 찾아 스스로 구성을 갖춰 정리하는 형태의 수업이 학습자에게 아직 익숙하지 않다는 판단을 했기 때문이다. 학생들이 정보 활용에 익숙해진 후라면 학생들 스스로 구성하고 정리할 수 있도록 하는 것이 바람직하다. 책으로 표현할 때는 책 만들기와 꾸미기에 치중하지 않도록 지도해야 한다. 이 수업은 아름다운 책 만들기가 아니라, 조사한 내용을 어떻게 구성해 표현할 것인가가 중요하므로 책 꾸미기에만 집중하지 않도록 해야 한다.

실물자료로 표현하기

'고구려를 꿈꾸며'라는 주제로 진행했던 수업에서는 동북공정과 고구려 역사를 연결해 자료를 수집하고 고구려 역사를 배경으로 하는 컴퓨터 게임 시나리오를 만들어 보는 활동을 했다. 먼저 우리 역사 학습에 대한 동기

제목
모둠원 이름
표지 그림 혹은 차례
000 출판사
	1. 문제
	
	2. 조사한 이유 또는
	   새로 알게 된 것
		3. 조사 내용
		   정리 후 느낀 점
		4. 참고문헌
			바코드
			
			가격_____

모둠별로 만든 지그재그책

유발을 위해 중국과 일본의 센카쿠(중국명 '댜오위다오') 영토분쟁을 다룬 게임 이야기로 수업을 시작했다. 이 게임의 이용자가 하루 사이에 엄청난 숫자로 증가했다는 뉴스를 함께 보았는데 학생들에게 우리 역사를 배경으로 재미있는 게임을 만들어 국내외에 많은 이용자들을 확보하면 어떻겠느냐고 묻자 학생들의 눈이 빛나기 시작했다. 역사 게임을 통해 고구려가 대한민국의 역사임을 보다 쉽게 알릴 수 있을 것이라는 이야기와 함께 문화콘텐츠의 힘에 대해서도 생각해볼 수 있었다.

　이렇게 동기를 얻은 학생들은 도서관 수업과 '고구려 대장간 마을' 견학에서 아주 적극적으로 정보를 수집하고 정리했다. 이러한 과정에서 도서관 자료뿐만 아니라 체험 장소의 안내 자료와 가이드 선생님(전문가)의 설명을 바탕으로 가옥의 형태, 마을의 형태에 대한 조사가 이루어졌다. 인

 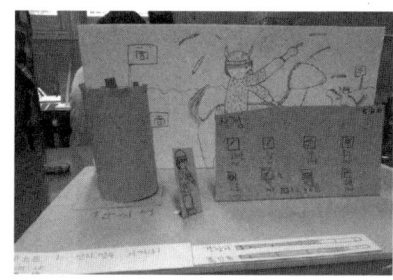

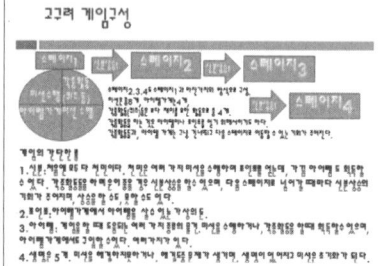

아이들이 만든 고구려 역사게임(위)과 프레젠테이션 자료(아래)

터넷이나 도서관의 문헌자료 외에도 유물이나 유적지, 전문가에게서도 정보를 수집할 수 있었기 때문에 정보를 수집하는 다양한 방법에 대한 교육도 자연스레 이루어졌다.

이후 학생들은 게임 시나리오에 필요한 역사적 사실, 인물, 유적 등을 도서관 자료를 활용해 찾아 정리한 뒤에 게임 규칙과 게임 구성 방법을 실물로 만들었다. 게임 시나리오를 작성하면서 게임에 쓸 수 있는 장신구나 의상을 떠올렸고, 문제를 풀면서 레벨업을 할 때는 고구려의 신분제도를 활용하는 등 역사적 사실을 게임에 자연스럽게 녹여내기도 했다.

멀티미디어로 표현하기

학생들은 자신이 조사한 자료를 바탕으로 게임을 어떻게 구성할 것인지 파워포인트로 작성해 발표했다.

5학년 학생 세 명이 함께 만든 고구려 역사게임은 네 가지의 스테이지에 여덟 가지 미션을 수행하도록 되어 있었다. 몇 가지 미션을 살펴보면, 문화재 미션에서는 고구려 벽화 찾기, 복장 미션에서는 성별과 신분에 따른 고구려 옷 디자인하기, 태학 미션에서는 한자와 유교 배우기 등을 수행하게 되어 있다. 정돈된 형식의 보고서는 아니지만 정보를 종합하고 표현한 방법이 그 어떤 보고서보다 훌륭했다.

| 고학년 |

백과사전을 활용해 기사 작성하기

김강선 서울 용동초 사서교사

도서관에서 종종 정보활용수업이 이루어진다. 하지만 학생들은 어떤 자료를 찾아야 할지 몰라 우왕좌왕하거나 인터넷 검색으로 얻은 자료로 과제를 해결하는 모습을 보곤 한다. 학생들이 도서관에 있는 다양한 매체자료의 특징을 배우고, 그 자료를 활용해 자신에게 주어진 과제를 스스로 해결할 수 있는 정보활용능력은 하루아침에 쉽게 길러지는 것이 아니다. 학교 교육과정에서 단발적 수업으로 그저 의례적으로 실시할 것이 아니라, 각 학교의 교육 상황과 특성을 고려해 제대로 된 정보활용능력을 길러주는 도서관 수업을 계획해야 한다.

주어진 과제를 이해하고 주도적으로 문제를 해결할 수 있는 능력인 정보활용 능력을 길러주기 위해서 『도서관과 정보생활』(4·5·6학년)은 체계적으로 정보활용능력을 습득할 수 있도록 학습내용이 구성되어 있다. 1~2단원 '평생 학습 사회, 우리가 사는 세상', '도서관 자료의 활용'에서 도서관이 하는 일과 도서관 자료를 활용하는 방법을 배우고, 3~5단원에서는

'정보문제해결모형(Big6 skills모형)'의 순서에 따라 나만의 과제 만들기 – 정보원 가려내기 – 정보 읽고 정리하기 – 정보 표현하고 평가하기 과정을 습득해 정보활용능력을 익힐 수 있도록 구성되어 있다.

6학년 학생들을 대상으로 『도서관과 정보생활』 교과와 연계한 정보활용수업을 계획해 보았다. 국어사전, 도감, 백과사전, 잡지, 신문 등 다양한 도서관 매체자료 활용법을 지도하고, 전문적인 지식의 모든 분야를 다루고 좋은 정보와 지식을 얻을 수 있고, 주제어만 알면 신속하게 과제를 해결할 수 있는 백과사전을 활용한 모둠별 기사 만들기 수업으로 진행했다.

6학년 백과사전을 활용한 정보활용수업 흐름

관련 교과	『도서관과 정보생활』(4~6학년) 2 '도서관 자료의 활용'
수업 목표	백과사전 활용해 정보과제 해결하기
수업준비물	PPT, 백과사전, 개별 문제유형, 학습지
수업 내용	1차시 : **수업 도입 및 백과사전 알아보기** • 참고도서에 대한 OX 퀴즈 풀기 • 도서관 매체자료 상황문제 풀어보기 • 백과사전 특징과 종류에 대해서 알아보기 • 백과사전 활용 문제 풀기 2차시 : **백과사전 활용해 과제 해결하기** • 백과사전을 활용해 주어진 과제 조사하기 • 백과사전 속 모둠별 기사 만들기 • 정리활동 : 모둠별로 만든 백과사전 속 뉴스 이모저모 발표하기

「도서관과 정보생활」 내용 체계

단원	소단원	학습 목표
1. 평생 학습 사회, 우리가 사는 세상	1. 평생 학습 사회와 도서관	평생 학습 사회의 등장 배경과 뜻을 이해할 수 있다.
		평생 학습 능력과 도서관의 관계를 설명할 수 있다.
	2. 인류 발전의 원동력 도서관	도서관이 생겨난 이유와 하는 일을 말할 수 있다.
		도서관 이용 예절을 알아보고 실천할 수 있다.
	3. 독서 생활과 도서관	독서 생활과 도서관의 관계를 이해할 수 있다.
		가족과 함께 일 년 동안의 독서 달력을 제작할 수 있다.
2. 도서관 자료의 활용	1. 도서관 자료의 정리 규칙	도서관에 있는 다양한 자료의 정리 규칙을 이해할 수 있다.
		청구 기호를 이용해 원하는 자료를 찾을 수 있다.
	2. 인쇄 자료 활용하기	인쇄 자료의 종류와 특징을 이야기할 수 있다.
		과제 상황별로 도움이 되는 인쇄 자료를 활용할 수 있다.
	3. 영상 자료 활용하기	영상 자료의 종류와 특징을 이야기할 수 있다.
		가족이 함께 보는 텔레비전 프로그램을 평가하고 고를 수 있다.
	4. 전자 자료 활용하기	전자 자료의 종류와 특징을 이야기할 수 있다.
		전자 자료를 이용해 원하는 정보를 찾을 수 있다.
3. 정보 과제 해결 따라 하기	1. 정보 과제 해결 능력 이해하기	일상생활에서 정보를 활용해 과제를 해결한 경험을 말할 수 있다.
		정보 과제 해결 능력을 길러주는 과정과 활동 내용을 설명할 수 있다.
	2. 나만의 과제 만들기	배경 지식의 뜻을 이해하고 필요성을 설명할 수 있다.
		배경 지식을 활용해 나만의 정보 과제를 만들 수 있다.

	3. 정보원 가려내기		정보원을 어디에서 어떻게 이용할 수 있는지 말할 수 있다.
			정보 과제 해결에 도움을 주는 정보원을 가려낼 수 있다.
	4. 정보 읽고 정리하기		정보원에서 필요한 정보를 빠르고 정확하게 찾을 수 있다.
			찾아낸 정보를 읽고 여러 가지 방법으로 정리할 수 있다.
	5. 정보 표현하고 평가하기		정보 과제 해결 결과를 정보의 성격에 맞추어 표현할 수 있다.
			과제 해결 결과와 과정에 대한 자기 평가 방법을 이해하고 실천할 수 있다.
4. 정보 과제 해결 능력 적용하기	1. 정보 과제 해결 과정 익히기		정보 과제 해결 과정의 각 단계별 활동 내용을 이해할 수 있다.
			정보 과제 해결 과정을 따라 하고 실제 과제 해결에 적용할 수 있다.
	2. 학습 과제 해결에 적용하기		교과 관련 학습 과제를 정보 과제 해결 과정에 맞추어 해결할 수 있다.
			과제 해결 과정과 결과를 평가하고 잘된 점과 잘못된 점을 말할 수 있다.
	3. 생활 과제 해결에 적용하기		일상생활에서 겪을 수 있는 생활 과제를 정보 과제해결 과정을 활용해 해결할 수 있다.
			정보 해결 과정의 좋은 점을 이해하고 일상생활에서 이용할 수 있다.
5. 스스로 책임지는 정보 생활	1. 올바른 정보 활용하기		정보 공유의 중요성을 설명할 수 있다.
			정보 공유를 바르게 하는 방법을 알고 실천할 수 있다.
	2. 저작권 바로 알기		저작권에 대해 설명할 수 있다.
			저작권을 보호하려는 마음가짐을 가지고 실천할 수 있다.
	3. 정보 윤리 실천하기		정보 윤리를 지켜야 하는 까닭을 설명할 수 있다.
			정보 이용 시 지켜야 할 여러 가지 예절을 이해하고 실천할 수 있다.

1차시 　백과사전의 종류와 특징 알기

참고도서에 대한 OX퀴즈 풀기

수업 도입에서는 OX퀴즈를 통해 참고도서란 무엇인지, 참고도서의 특징은 어떠한지 등을 알아갔다. OX퀴즈에서 도감이 참고도서에 속하는 자료라는 것을 아는 학생이 별로 없었다. '참고도서'라는 말 자체를 생소하게 여기는 학생들에게 과제를 해결할 때 보는 책이라고 설명하니 그제야 이해하는 모습을 보였다.

도서관 매체자료 상황문제 풀어보기

도서관 매체자료 상황문제 학습지에 나온 "민희가 도서관에서 '인터넷의 역할과 기능'에 대해서 깊이 있게 조사하려면 어떤 참고도서를 이용해야 할까요?"라는 질문에 학생들이 도서관 매체자료의 종류와 한국십진분류표(KDC) 주제를 구분하지 못하고 역사책, 소설책, 과학책을 말하는 학생이 많았다. 도서관 매체자료의 종류를 자세히 설명해주고, 십진분류표 주제는 매체자료가 담고 있는 내용을 말하는 것이라고 얘기해주었다.

백과사전 특징과 종류에 대해서 알아보기

본격적으로 백과사전을 활용하는 수업에 들어갔다. 먼저 백과사전의 특징과 종류에 대해서 알아보았다. 백과사전이 집에 있고 과제할 때 이용한다고 하는 학생들이 어느 정도 있었음에도 "백과사전은 어떤 특징이 있을까?"라고 질문했을 때 제대로 대답하는 학생은 별로 없었다. 파워포인트 자료를 보여주면서 백과사전의 특징을 자세히 알려주었다. 그리고 모든 지식 분야를 다룬 일반 백과사전과 특정 주제나 분야를 집중적으로 다룬 주제 백과사전 등 백과사전의 종류에 대해서도 설명해줬다.

백과사전 활용 문제 풀기

백과사전의 특징과 종류에 대해 안 다음에는 일반 백과사전과 주제 백과사전에 대한 활용문제를 풀어 보았다. 일반 백과사전 문제는『두산세계대백과사전』의 책등 그림을 보고 조사할 내용의 문제가 몇 번에 해당하는지 찾아보는 것이다. 이 문제를 어려워할 수도 있어서 진한 색으로 주제어를 표시해주고『두산세계대백과사전』에서 문제의 해답에 해당하는 번호를 찾아보게 했다. 학생들은 주제어를 이용하기보다 주어진 문제 전체에 집중해서 백과사전 몇 권 몇 호를 찾아야 하는지 고민하는 것을 볼 수 있었다. 일부 학생들은『두산세계대백과사전』가나다순 배열을 알지 못해서 문제 푸는 것을 어려워하며 가만히 앉아 있었다. 헤매는 학생들과 함께 가나다순의 자음, 모음을 암기하면서 주어진 문제의 해답을 찾을 수 있도록 지도했다.

일반 백과사전이 책등의 물리적 형태를 이용해서 조사 문제를 풀어보는 활동이라면 주제 백과사전 문제는 책의 본문 내용을 정확하게 찾아서 풀어보는 활동이다. 주제 백과사전에서 '연'이라는 주제에 대한 세부 차례가 실린 한 면을 보여주고 조사 문제를 풀어서 해당 쪽수를 쓰게 했다. 학생들은 각각 배경지식에 따라 문제를 파악하는 능력의 차이를 보였다. 기대했던 것보다 학생들이 문제를 잘 풀며 수업에 적극적으로 참여하는 모습을 볼 수 있었다.

이 활동을 하면서 중학년에서 배워야 하는 가나다순 배열을 알지 못하는 고학년 학생들이 많다는 것을 알게 됐다. 또한 일상생활에서 자주 사용하는 기본적인 언어활동이 정보활용능력에 많은 영향을 미치고, 독서활동을 많이 한 학생들이 주도적으로 문제를 해결하려 하는 모습을 많이 보인다는 사실도 알게 됐다. 이를 통해 독서와 도서관 교육이 밀접한 연관성이 있다는 것을 확인할 수 있었다.

2차시 백과사전을 활용해 과제 해결하기

백과사전을 활용해 주어진 과제 조사하기

『두산세계대백과사전』 1~26권에서 각 권별로 조사할 주제를 정해 개별적으로 조사하는 활동을 했다. 학생의 배경지식에 따라 문제를 파악하는 능력의 차이를 보여서 빨리 과제를 해결하는 학생이 있는가 하면 백과사전에 상세하게 나와 있는 정보를 어떻게 조사하고 요약해야 하는지 몰라서 헤매는 학생들도 보였다. 헤매는 학생에게 백과사전에 나와 있는 정보를 문단의 단락별로 읽고 중요한 것만 요약하라고 설명해주었다. 조사한 내용은 해당 백과사전의 책등 색인, 청구기호와 함께 정리하고, 자신의 생각을 덧붙이면 된다(176~177쪽 표 참고).

 백과사전을 활용한 과제 조사 활동을 지도하면서 든 생각은 『도서관과 정보생활』에서 제시한 문제해결능력 중 '종합하기'에 해당하는 요약하기를 쉽게 하지 못하는 학생들이 많아서 이를 익히는 내용의 수업이 필요하다는 것이었다.

백과사전 속 모둠별 기사 만들기

마지막으로 백과사전에서 조사한 내용을 토대로 모둠별 기사문 작성하기 활동을 했다. 백과사전에서 조사한 정보로 바탕으로 자신이 기자가 되어서 보도해야 하는 뉴스를 구성하는 요소를 설명해주고, 기사 제목과 보도 날짜, 일어난 사건의 사실, 기사를 쓴 기자 이름과 이메일을 적게 했다. 활용한 백과사전의 인용정보 출처(백과사전명, 지은이, 출판사, 살펴본 쪽수)를 적게 해 저작권에 대해서도 생각해보게 했다.

모둠별로 만든 뉴스 이모저모를 발표하는 시간을 가졌다. 재미있게 정보와 뉴스를 말해주는 학생들도 있었고, 전개 과정에서 조사한 과제를 마무리하지 못해 계속 백과사전을 찾아보는 일부 학생들도 있었다.

백과사전 활용 수업을 하면서 문제해결능력이 뛰어난 학생과 그렇지 않은 학생을 한 조로 묶어 과제를 조사하게 했으면 뒤처지는 학생 없이 모두 함께 참여하는 수업이 되지 않았을까 하는 아쉬움도 남았다. 그리고 공부를 열심히 하는 학생들이 정보활용능력이 꼭 뛰어난 것은 아니라는 사실도 확인했다. 이를 볼 때 주어진 과제를 적극적으로 해결하는 문제해결능력, 즉 자기주도적 학습능력을 키우기 위해서는 정보활용능력 습득 교육이 선행되어야 한다는 것을 알 수 있다. 이 과정이 선행되어야 학생들은 각 교과마다 진행되는 조사 과제를 어려워하지 않고 스스로 자신 있게 수행할 수 있을 것이다. 체계적이고 장기적인 정보활용능력 교육이 필요한 이유다.

백과사전 활용하기 학습지

1. 도서관 자료(도서) 가운데에 참고도서는 어떤 자료를 말하는 것일까요?

2. 일반도서와 달리 백과사전은 어떤 특징이 있을까요? 아래의 글을 읽고 백과사전의 특징이 맞으면 O, 틀리면 X 로 ( )에 표시해보세요.

   - 백과사전은 여러 권의 전집으로 되어 있지만 사실은 한 권이다. (   )
   - 사전순 백과사전은 주제로 배열되어 있다. (   )
   - 주제어를 알면 백과사전에서 신속하게 정보를 찾을 수 있다. (   )
   - 주제별 백과사전은 전문적인 지식이 주제별로 상세하게 풀이되어 있다. (   )

3. 아래의 그림은 『두산세계대백과사전』의 책등 그림입니다. 아래에 조사 내용을 찾아보려면 백과사전 어떤 권의 번호를 보면 좋을까요? 주제어를 보고 백과사전의 번호를 써보세요.

| 두산세계대백과사전 1 ㄱ ~건축 | 두산세계대백과사전 2 건축경마 ~골수섬유 | 두산세계대백과사전 3 골수성백 ~국군 | 두산세계대백과사전 4 국군간호 ~금천면 | 두산세계대백과사전 5 금천장씨 ~남관 | 두산세계대백과사전 6 남광토건 ~다민족국 | 두산세계대백과사전 7 다바산맥 ~도사 |

① '걸프전쟁'이 일어난 원인은 무엇일까요?   ⇨ (   )권
② '가나'의 인구는 몇 명이나 될까요?   ⇨ (   )권
③ 스포츠 '농구'의 반칙과 벌칙은 어떻게 구분할까요?   ⇨ (   )권
④ '공업'의 종류는 무엇이 있을까요?   ⇨ (   )권
⑤ '나전칠기'를 이용하여 가구는 어떻게 만들어지는 것일까요?   ⇨ (   )권
⑥ 김정호가 제작한 '대동여지도'에는 어떤 내용이 실려 있을까요?   ⇨ (   )권
⑦ '국제분쟁'을 평화적으로 해결할 수 있는 방법은 무엇일까요?   ⇨ (   )권

4. 아래의 왼쪽은 주제 백과사전의 한 면입니다. 주제별 백과사전에 나와 있는 주제어와 쪽 번호를 보고 조사할 내용의 쪽수를 찾아서 써보세요.

주제별 백과사전	조사할 내용	쪽 번호
연 ----- (5) 연이 나는 방법 ----- (6) 연의 종류 ----- (7) 　방패연 ----- (8) 　가오리연 ----- (9) 　허수아비연 ----- (10) 　발연 ----- (11) 　반달연 ----- (12) 연의 역사 ----- (13) 　연의 기원 ----- (14) 　중국에서 ----- (15) 　유럽에서 ----- (16) 　미국에서 ----- (17) 연의 이용 ----- (18) 　정부에서 ----- (19) 　날씨예측에서 ----- (20) 　과학실험에서 ----- (21)	중국에서는 왜 연을 발명했을까요?	
	연을 어떻게 날릴 수 있을까요?	
	연이 처음 어떻게 만들어졌을까요?	
	정부에서는 어디에 연을 이용했을까요?	
	우리나라에서 많이 만들어 날리는 연은 무엇일까요?	
	미국에서 연을 어떻게 사용했을까요?	
	날씨를 예측할 때 쓰는 연에는 무엇이 있을까요?	
	여러 가지 모양의 연에는 무엇이 있을까요?	
	영국은 언제부터 연을 만들어서 사용했을까요?	
	사람들은 연을 어떻게 이용했을까요?	

조사 내용 예시

『두산세계대백과사전』의 책등을 보고 권 번호와 □에 색인, 아래에 청구기호를 쓴 후 백과사전 속에 있는 문제를 쓰고 조사할 내용을 요약해 정리해 보세요.

두산 세계대백과 사전 (21) 웅와잡록 임포	조사할 문제	인종문제의 정의를 쓰고, 인종차별의 발생과 제도화 그리고 철폐운동과 현재 상황에 대해 조사해보기
	조사할 내용	• 인종문제 : 인종적 편견에 의해 빚어지는 인종 집단 간의 갈등, 인종차별의 발생-자본주의 발전에 따른 식민지 경영과 신대륙의 발견은 인종문제에 관한 종래의 상황을 일변시켰다. 그 결과 서로 다른 인종간의 접촉이 빈번해졌고, 그만큼 항쟁과 충돌도 격화되었다. • 인종차별의 제도화 : 유색인종을 경제적으로 착취하고 정치적으로 억압하기 위해 백인은 먼저 경찰·사법·행정을 장악하고, 유색인의 기본 인권과 선거권·피선거권을 비롯한 모든 권리를 박탈 또는 제한하는 인종격리정책을 실시함. • 인종차별 철폐운동 : 유색인의 조직적 저항은 근세 이후 세계 각지에서 있었으며 부분적 승리와 1804년 카브리해에서 흑인 봉기가 성공함.
참 031 ㄷ88 v.21 JU0001720	조사한 내용에 대한 나의 생각	우리 나라도 그나마 유색인종에 대한 인종차별이 많이 가라앉기는 했지만, 아직도 우리나라에서는 인종차별이 심하다. 빨리 유색인종에 대한 인종차별이 사라졌으면 좋겠다.

출처를 밝혀요! 백과사전을 이용해 알게 된 정보를 어디에서 찾았는지 아래에 써보세요.

백과사전명	두산세계대백과사전
지은이(만든이)	두산동아 백과사전 연구소
출판사	두산동아
살펴본 쪽 번호	500, 501쪽

| 중학년 |
정보이용과정 5단계를 적용한 인물 연표 만들기

김강선 서울 용동초 사서교사

6학년 『국어』 교과서에는 인물에 대해 조사하는 내용이 나온다. 이 단원을 수업하기 위해 담임교사들이 종종 도서관에서 수업을 하곤 한다. 하지만 짧은 수업시간 안에 한 인물의 일대기가 담긴 자료를 살펴보고 과제를 해결하기에는 무리가 있다. 아이들이 너무 방대한 범위의 자료를 어디서부터 어떻게 정리해야 할지 막막해하며 자료만 이리저리 뒤적이다가 과제를 해결하지 못한 채 수업을 마치는 모습을 많이 볼 수 있었다.

한정된 학습 시간 안에 아이들이 스스로 자료를 찾아보고 인물조사 과제를 해결할 수 있는 방법은 없을까? 이에 대해 고민하다가 인물의 연표를 활용해 아이들이 스스로 자료를 찾아보고 과제를 해결하는 수업을 계획했.

6학년 2학기 『국어』 2단원 '작품 속 인물과 나'에는 인물의 일대기를 다룬 책을 읽고 인물에 대해 알아보는 학습과제가 나온다. 이와 연계해 아이들이 스스로 자료를 찾아보고, 선택하고, 정리하고, 표현하고, 평가하는 '정보이용과정 5단계'를 적용한 수업과정을 설계해 보았다. '교과서에 실려 있는 인물'을 주제로 인물의 업적을 담은 연표 만들기 활동을 진행했다.

6학년 인물 연표 만들기 수업 흐름

관련 교과	『국어』 6-2-2 '작품 속 인물과 나'
수업 목표	정보이용과정 적용해 인물 연표 만들기
수업준비물	PPT, 인물도서, 인물사전, 〈생각쟁이〉, 백과사전, 색도화지, 연표지
수업 내용	**1차시 : 연표에 대해 배우기** - 한국십진분류표(KDC)에서 주제 맞추기 - 〈한국을 빛낸 100명의 위인들〉 노래 부르기 - 연표와 이력에 대해서 생각해보기 **2차시 : 정보이용과정 5단계 적용해 인물연표 만들기** - 정보이용과정 5단계 이해하고 인물 조사하기 - 정보이용과정 적용해 인물 연표 만들기 - 수업 정리 : 정보이용과정 5단계에서 '어려웠던 부분' 간단히 발표하기

정보이용과정 5단계

1단계 정보과제 정하기
2단계 정보요구 파악하기
3단계 정보 찾아 이해하기(문헌정보, 영상정보, 전자통신정보, 문헌정보와 독서, 영상정보와 시청)
4단계 정보 종합하고 표현하기
5단계 정보이용과정 되돌아보기

1차시 연표란 무엇인지 이해하기

한국십진분류표에서 주제 맞추기

학생들에게 한국십진분류표(KDC)에서 인물에 관한 도서를 찾을 수 있는 주제는 무엇인지 물었다. '등장인물이 많이 나오는 문학(800)'이라고 하는 학생도 있었고, '예술가가 많으니 예술(600)에서 인물을 찾을 수도 있다'고 설득력 있게 설명하는 학생도 있었고, '역사(900)에서 찾을 수 있다'고 정답을 맞춘 학생도 있었지만 왜 역사에서 찾을 수 있느냐고 물었더니 대답을 하지 못했다. 역사 주제에서 찾을 수 있는 이유는 조상들의 생활 기록과 유물·유적을 통해서 현재까지 그 발자취가 전해져 오기 때문이라고 설명해주었다.

〈한국을 빛낸 100명의 위인들〉 노래 함께 부르기

〈한국을 빛낸 100명의 위인들〉 노래를 함께 부르면서 이 노래에 나오는 위인이 몇 명인지 맞추는 퀴즈를 했다. 익숙한 노래라 노래를 잘 불렀고, 노래에 나오는 위인이 몇 명인지 맞추는 퀴즈에서는 정답을 생각해보는 데 시간이 많이 지체되었지만 학생들이 흥미를 갖고 즐겁게 참여하는 모습을 볼 수 있었다.

연표와 이력에 대해서 생각해보기

연표의 정의에 대해 설명해주고, 연표와 비슷하게 사용하는 용어들을 살펴보았다. 연대표, 연보, 발자취, 일생 등 연표와 비슷하게 사용되는 용어의 예시자료를 보여주면서 차이점과 공통점에 대해 설명해주었다. 연표와 이력에 대해 학생들의 생각을 물었다. 학생들은 나름의 생각을 설득력 있게 발표했다. 정보이용과정 5단계의 개념에 대해서도 설명해주고, 모둠별로 이를 적용해 연표를 만드는 방법에 대해 알려주었다.

연표와 비슷한 용어

■ 연표(= 연대표): 역사적인 사실을 연대순으로 배열해 적은 표	**마틴 루서 킹 연표** 1929년 1월 15일 미국 조지아 주 애틀랜타에서 마틴 루서 킹 2세가 태어났다. 1944년 애틀랜타 모어하우스 대학에서 사회학을 공부하기 시작했다. 1948년 모어하우스 대학을 졸업하고, 펜실베니아 주 체스터에 있는 크로저 신학교에 진학하다. 1948년 애틀랜타의 에벤에셀 침례교회에서 목사 안수를 받고 부목사가 되다.
■ 연대표(=연표): 역사상 발생한 사건을 연대순으로 배열해 적은 표	**연대표** {| 정조의 생애	세계의 동향 |} {|	1742 영국과 프랑스, 인도에서 식민지 쟁탈전 시작. |} {|	1747 청나라, 외국 선교사의 국내 거주 금지 |} {| 1752 (영조 28년) 9월 22일 사도 세자 부부가 산을 낳음.	1753 포르투갈, 청나라에 마카오를 떼어줄 것을 요구함. |} {| 1759 (영조 35년) 산이 왕세손이 됨	1760 청나라, 네팔 정복 |}
■ 연보 : 사람이 한 평생 동안 지낸 일을 연월순(年月順)으로 간략하게 적은 기록. 흔히 개인의 연대기	**세종대왕 연보** {| 연도	주요 업적 |} {| 1397년	아버지 태종, 어머니 원경 왕후의 셋째 아들로 태어남. |} {| 1408년	충녕군으로 봉해짐. 심온의 딸과 결혼함. |} {| 1412년	충녕 대군에 봉해짐. |} {| 1418년	세자에 책봉되었다가 3개월 뒤, 왕위에 오름. |} {| 1419년	이종무를 보내 대마도를 정벌하게 함. |} {| 1420년	집현전을 개편해 대제학 등 관원을 둠. |}
■ 일생 : 세상에 태어나서 죽을 때까지의 동안	**신동엽 선생님의 일생** {| 1930년	8월 18일, 충청남도 부여군 부여읍 동남리에서 신인순 씨의 장남으로 태어나 식민지의 농촌 생활을 체험하면서 자랐습니다. |} {| 1942년(13세)	부여 초등학교를 우수한 성적으로 졸업했습니다. 부여 초등학교를 졸업하고 어디에 진학할지 고민합니다. |} {| 1944년(15세)	몇 군데 학교를 생각하다가 당시에는 입학하기가 매우 어려웠던 전부사범학교에 진학하기로 합니다. |} {| 1945년(16세)	2월에 전주사범학교의 까다로운 입학시험에 합격한 동엽은 4월부터 이 학교에서 공부하기 시작합니다. 그러나 공부는 커녕 일본의 전쟁 승리를 위한 노력 봉사에 강제로 동원됩니다. |}

2차시   정보이용과정 5단계 적용해서 연표 만들기

정보이용과정 5단계 이해하고 인물 조사하기

2차시에는 본격적으로 정보이용과정 5단계에 맞춰 과제를 해결하는 시간을 가졌다. 1단계 '정보과제 정하기'에서는 모둠별로 해결해야 할 과제가 무엇인가를 생각해보고 어떤 인물을 연표로 만들지 선정하는 단계이다. 인물을 선정하고 브레인스토밍으로 인물과 관련된 배경지식을 정리하는 활동도 했다. 국어 교과와 연계해 '아름다운 삶을 살아간 인물', '존경하는 인물', '좋아하는 인물'을 선정하고 브레인스토밍으로 배경지식을 정리한 것을 모둠별로 발표해 보았다. 어떤 모둠은 배경지식을 많이 정리해 학습지 여백에까지 쓰는 경우가 있는가 하면, 인물에 대해 거의 아는 것이 없는 모둠도 있었다.

2단계 '정보요구 파악하기'에서는 과제를 해결하거나 완성하기 위해서 조사해야 할 정보는 무엇인가를 생각해보고 조사할 정보의 범위를 정했다. 인물 연표를 만들기 위해서 출생, 업적, 주요 사건, 본받을 점, 역사, 역사적 의미 등을 생각해보고, 책의 내용을 연표로 만들려면 어떤 내용을 조사해야 할지 그 범위를 모둠원이 함께 정했다. 여기서 모둠원이 학습에 소극적이거나 관심이 없는 학생들로 구성되었을 경우 조사 범위를 정하지 못하고 서로 '네가 하라'고 미루어서 제대로 과제를 수행하지 못하기 때문에 모둠원 구성에 신경을 써야 한다.

3단계 '정보 찾아 이해하기'에서는 어떤 정보원과 매체자료를 이용해 정보를 찾을 것인가를 생각해보고, 선택한 매체자료에서 얻은 정보로 인물 연표를 만들려면 어떤 내용을 정리해야 할지, 어떤 내용을 위주로 연표를 작성할 것인지 분석한 정보를 정리했다. 이 단계에서 모둠별로 매체자료를 다양하게 활용할 수 있어야 하는데, 학교도서관 시설과 자료에 제한이 있어서 모둠별로 활용해야 하는 매체자료, 즉 인물도서, 백과사전, 인물사전, 인물잡지, 인터넷 등을 정해주었다. 그리고 학생들에게 좀 더 주의해서 지도했던 것은 이용한 매체자료에서 정보를 무조건 그대로 옮길 것이 아니라 자신의 생각을 정리할 수 있도록 했다. 또한 자료를 찾을 때 어려움을 겪지 않도록 검색어 선정 방법도 알려주었다.

예컨대 '김구의 생애'를 인터넷에서 조사하는 학생들이 무조건 '인물 김구' 키워드만 쳐서 방대한 양의 정보를 하나씩 클릭하며 헤매지 않도록 너무 포괄적이지 않게 정보 범위에 맞는 검색어를 선정하는 방법과 'AND, OR' 검색 방법을 알려주었다. '김구 생애', '김구 업적', '김구 연표', '김구 일생', '김구 발자취' 등 비슷한 단어의 사용과 AND, OR 검색 방법으로 조사 자료의 정확률을 높일 수 있다.

4단계 '정보 종합하고 표현하기'에서는 정보과제에 맞게 분석한 정보를 어떻게 표현할 것인가를 생각해보고, 분석한 정보에서 인물 연표에 들어갈 내용을 중요성에 따라 시간 순서대로 재배열하고 정리한 후 모둠별로 색상지에 인물 연표를 만들도록 했다. 이 단계에서는 모둠원이 모두 참여해 인물 연표의 연도를 시간순으로 각자 하나씩 맡아서 쓴 것을 모아서 하나의 인물연표를 만들었다. 그리고 저작권에 대해 설명해주며 인물 정보를 찾은 출처를 올바르게 표시하게 했다. 책에서 찾았다면 도서명, 지은이, 출판사, 쪽수 등을 적고, 인터넷에서 찾았다면 인터넷 링크 주소를 표시하게 했다.

마지막 5단계 '정보이용과정 되돌아보기' 과정에서는 정보과제 정하기, 정보요구 파악하기, 정보 찾아 이해하기, 정보 종합하고 표현하기 과정을 통해서 과제를 잘 해결했는지 확인하고 자신의 정보활동의 문제가 무엇인

모둠별로 연표를 만드는 학생들

지, 어디에 있는지를 체크리스트에서 확인해보았다.

정보이용과정 적용해 인물 연표 만들기

연표 만들기는 모둠별로 받은 색도화지에 조사한 인물에 대한 제목을 붙이고, 모둠원이 연표지 한 장씩을 나눠 가진 후에 겹치지 않게 인물의 어떤 연도를 적을 것인지 정하고, 연표지에 인물에 관한 내용을 적는다. 각자 쓴 연표지는 연도순별로 나열해서 제목을 쓴 모둠 색도화지 밑에 붙이고, 각 모둠에서 발표자와 조력자가 한 명씩 나와서 조사한 인물 연표를 발표했다.

수업의 마지막 과정인 정리 단계에서는 정보이용과정 5단계에서 어려웠던 부분에 대해서 간단히 발표하게 했는데, '조사 범위를 너무 넓게 잡아서 정보를 찾을 수 없었다', '인터넷은 정보가 너무 많아서 어떤 것이 정확한 정보인지 모르겠고 정리하기도 어려웠다'라고 말했다.

　수업을 마치면서 든 생각은 학생들이 일상적으로 인터넷과 컴퓨터를 많이 사용하지만 제대로 이용하는 방법을 모른다는 것이다. 학생들에게 제대로 된 정보활용능력과 문제해결능력을 길러주기 위해서 도서관 정보활용교육을 체계적으로 실시해야 하며 학교도서관 시설과 자료에 더 많은 투자와 지원이 필요하다는 생각이 들었다. 학생들에게 제대로 된 정보활용수업을 하려면 다양한 자료와 시설이 잘 구축되어 있어야 하지만, 협소한 학교도서관 환경에서는 끼워 맞추기식 정보활용수업밖에 하지 못한다.
　2001년 초부터 한 10년 동안 교육청에서 학교도서관 시설과 환경, 자료 구축을 위한 리모델링 지원을 많이 해주었다. 하지만 요즘은 학교도서관이 잘 구축되지 않은 소수의 학교에만 국한해서 지원을 하고 독서 프로그램 활성화를 위한 지원 사업 중심으로 정책을 바꾸었다. 10년이 지난 지금 과연 학교도서관에서 제대로 된 도서관 활용 수업을 할 수 있는지, 가능한 것인지 한 번 점검해볼 때는 아닐까.

인물 연표 조사하기 학습지

★생각해보아요★

1. 도서실에서 인물에 대해 찾아보려면 한국십진분류표(KDC)에서 어떤 주제로 찾아야 할까요?

2. 인물 연표를 만들기 전에 '연표'란 무엇인지 생각해보고 아래에 써보세요.

★ 정보이용과정 5단계로 공부해보아요! ★

1단계 : 무엇을 할까요? (정보과제 정하기)	여러분이 해결해야 할 과제는 무엇인가요?

☞ 인물 연표를 만들기 위해 어떤 인물을 선정해야 할까 생각해보기

2단계 : 필요한 정보는 무엇일까요? (정보요구 파악하기)	여러분이 조사해야 할 정보는 무엇인가요?

☞ 인물의 출생, 한 일, 업적, 사망, 본받을 점, 역사적 의미 등 정보범위 정하기

조사 인물	
조사 범위	

3단계 : 정보를 찾아 이해했나요? (정보찾아 이해하기)	여러분은 어떤 자료를 이용해 정보를 찾을 것인가요?

☞ 이용하고자 하는 매체자료를 선정하고 인물의 출생, 한 일, 업적, 사망, 본받을 점 등 정보 조사 분석하기

이용 매체 자료	
정보 조사 분석 내용	

4단계 : 정보를 종합하고 표현했나요? (정보 종합하고 정보 표현하기)	여러분은 분석한 정보를 어떻게 표현할 것인가요?

☞ 인물 연표로 표현하거나 OX 퀴즈 만들고, 이용한 매체 인용출처 쓰기

(   ) 인물 연표

년 도	인물이 한 일과 업적

※출처를 밝혀요! 인물에 대해 알게 된 것을 어디에서 찾았는지 아래에 써보세요.

이용 매체자료	
도서명 (인터넷 주소)	
지은이	
출판사	
살펴본 쪽번호	

5단계 : 잘했나요? (정보이용과정 되돌아보기)	정보이용과정 5단계에 따라서 과제를 잘 해결했나요?		
평가관점	평가		
매체자료를 이용해 정보를 잘 찾을 수 있었나요?	잘함	보통	노력필요
조사한 정보를 잘 분석하고 요약 정리했나요?	잘함	보통	노력필요
정리한 정보를 인물 연표로 잘 표현했나요?	잘함	보통	노력필요

| 중학년 |

명화를 활용한 과학·미술 교과 통합 수업

이윤희 용인 소현초 사서교사

2015 개정교육과정에서는 교과 간 경계를 허물고, 교과의 지식이나 경험을 재구성하는 교과 통합 수업을 권장하고 있다. 초등 1~2학년은 국어, 수학을 제외한 나머지 교과서 자체가 주제 중심으로 통합되었으며, 3학년 이상은 교육과정의 성취기준을 분석해 핵심주제를 추출한 후 주제에 따른 활동계획을 세워 교과 통합수업을 실시하고 있다. 교과 통합 수업은 흥미 중심, 경험 중심, 문제 해결 중심이라는 특징을 가지기 때문에 도서관 활용 수업을 실시하기에 적합한 수업 방법이라 할 수 있다. 탐구 조사 활동이 많이 필요한 4학년 과학 교과서를 분석해 미술 교과와 융합한 수업을 계획해 보았다.

『과학』교과의 '식물의 한살이' 조사 단원은 도감을 활용한 정보활용수업 시 가장 많이 활용하고 있는 단원이다. 『미술』교과서 6단원에는 '나무가 되고 싶은 화가'로 알려진 박수근과 해바라기 작품으로 유명한 반 고흐가 수록되어 있다. 식물을 대상으로 한 미술작품은 명화집에서 다양하게 찾아볼 수 있기 때문에 여러 가지 한살이를 알아보기 위해 조사한 식물들이 미술 작품에는 어떻게 표현되어 있는지 알아보는 교과 통합 수업을 계획해 보았다.

통합 교과 수업을 할 수 있는 과학과 미술 교과

교과	단원	소단원	주요 활동 내용
『과학』	4-1-3 식물의 한살이	여러 가지 식물의 한살이는 어떻게 다를까요?	- 식물의 한살이 관찰 계획 세우기 - 여러 가지 식물의 한살이 알아보기 (한해살이, 여러해살이 식물 조사) - 식물의 한살이 발표 자료 만들기
『미술』 (동아출판)	4-6 내가 만든 미술작품	내가 만난 미술 작품	- 관심 있는 미술 작품과 미술가 찾아보기 - 미술 작품 자료집 만들기 (반 고흐 미술 작품 수록)

4학년 과학-미술 교과 통합 조사 활동하기 흐름

관련 교과	『과학』 4-1-3 식물의 한살이 『미술』 4-6 내가 만난 미술 작품
수업 목표	- 여러 가지 '식물의 한살이' 과정을 조사할 수 있다. - 식물이 나오는 미술 작품을 찾아 소개할 수 있다.
수업준비물	식물도감, 식물조사 활동지, 명화집, 명화 따라 그리기 활동지
수업 내용	**1차시: 식물도감 조사하기** • 동기유발: 『도서관이 키운 아이』 함께 읽고 십진분류 이해하기 • 식물도감 보고 '식물의 한살이'에 대해 조사하기 **2차시: 식물이 그려진 미술작품 찾아보기** • 식물도감으로 조사한 식물이 그려진 미술작품 찾아보기 • 가장 마음에 드는 미술작품 소개하고 따라 그리기

1차시 식물도감으로 조사하기

『도서관이 키운 아이』 함께 읽고 십진분류 이해하기

수업 전 동기유발 활동으로 『도서관이 키운 아이』(칼라 모리스, 그린북, 2019)를 함께 읽었다. 이 책은 주인공 멜빈이 학교에서 다양한 과제를 해결하기 위해 도서관에 가서 사서 선생님의 도움을 받으며 책을 찾아보는 내용을 담고 있다. 주제별로 분류번호를 보고 책을 찾아 읽는 방법에 대해 알려줄 때 활용하기 좋은 그림책이다.

예를 들어 '뱀을 키우는 방법'을 알고 싶을 땐 십진분류번호 '400 자연과학 〉 490 동물 〉 497 파충류'에서 찾아야 하고, 연극에서 가지 역할을 수행하기 위해서는 '600 예술 〉 680 공연예술'과 '400 자연과학 〉 480 식물'을 함께 찾아보며, '우리말 겨루기'와 같은 '철자 알아맞히기 대회'를 준비하기 위해서는 '700 어학 〉 743 사전'에서 영어사전을 찾아보면 된다는 내용이 나온다.

책과 관련해서 '태양계에 있는 모든 마을, 도시, 나라 이름 맞히기 지리대회'에 나가는 멜빈이 어떤 주제의 책을 찾아야 되는지에 대해 아이들에게 질문을 해보니 대부분 '태양계'라는 단어 때문에 '400 자연과학'에서 찾으면 된다고 답했다. 이를 통해 아이들은 제시된 주제나 내용을 조사하지 않고, 질문에 나타난 단어만 보고 책을 찾으려 한다는 것을 알 수 있었다. 아이들에게 멜빈이 나가는 건 마을, 도시, 나라 이름을 맞혀야 하는 지리대회이기 때문에 '900 역사지리 〉 980 지리'에서 책을 찾아야 된다는 것을 알려주었다. 이와 더불어 조사해야 할 주제가 무엇인지 정확히 알고 주제어(검색어)를 선정하는 것이 조사활동에서 얼마나 중요한지 생각해 보게 했다.

식물도감 보고 식물 조사하기

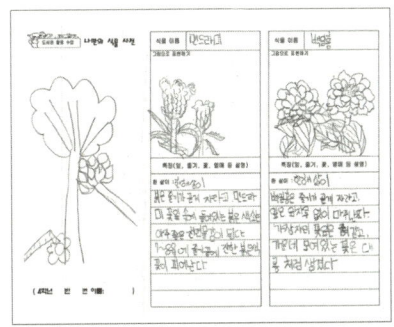
아이들이 작성한 활동지

식물도감보고 '식물의 한살이'에 대해 조사하기

과학 시간에 배우는 '식물의 한살이'와 '식물의 자람'에 대해 더 알고 싶을 땐 식물도감을 활용하면 된다는 것을 알려주고, 도감의 차례와 찾아보기 이용 방법을 간단하게 설명해줬다. 과학 교과서에 여러 '식물의 한살이'를 비교해보는 내용과 '잎, 줄기, 꽃, 열매' 등의 자람에 대해 알아보는 내용이 있어서 그 내용을 담은 활동지를 만들어 보았다.

도서관 활용 수업을 할 때는 식물의 한살이에 대해 배우기 전이었기에 한살이가 무엇인지 간단하게 설명해 주었다. 보리출판사에서 출간한 『식물도감』의 앞부분에는 식물에 대한 설명이 잘 되어 있어서 이를 활용해 쉽게 조사할 수 있었다. 하지만 도감에는 나무의 한살이에 대한 내용이 없어서 아이들이 계속 질문을 해왔다. 나무는 한 해만 살고 죽는 식물이 아니기 때문에 그에 대한 설명이 없는 거라고, 나무는 여러해살이 식물이라는 보충 설명을 해주어야 했다. 식물 조사 후 느낀 점을 활동지 뒷면에 써보게 했는데, 대체로 도감으로 식물을 찾으니 더 쉽게 많은 것을 찾을 수 있어서 좋았다는 것과 그림 그리기는 어려웠다는 소감이 많았다.

2차시 | 식물이 그려진 미술작품 찾아보기

식물도감으로 조사한 식물이 그려진 미술작품 찾아보기

미술 교과서에 수록된 반 고흐의 작품 중 〈해바라기〉, 〈꽃 핀 복숭아나무〉 등을 소개해주고 1차시에 조사한 식물이 그려진 명화가 수록된 명화집을 찾아보게 했다. '600 예술' 코너에서 분류번호 '650 회화', 도화의 위치를 알려주고 책을 찾아보게 했는데, 명화집은 '찾아보기'가 수록된 책이 거의 없어서 일일이 책장을 넘겨보며 식물이 그려진 작품을 찾아야 했다. 식물도감에서 수련이나 해바라기를 조사했던 학생들은 모네나 고흐의 작품을 쉽게 찾을 수 있었지만, 흔치 않은 식물을 조사한 아이들은 작품을 찾기가 쉽지 않았다. 맨드라미를 조사한 학생 중 신사임당의 〈맨드라미와 쇠똥구리〉를 찾아낸 학생이 있어서, 다른 학급의 수업 때에는 식물도감으로 조사할 때 필수 조사 식물로 해바라기, 연꽃(수련), 맨드라미 중 한 가지를 꼭 찾아보게 했다.

가장 마음에 드는 미술작품 소개하고 따라 그리기

식물이 그려진 미술작품을 자유롭게 감상하고 가장 마음에 드는 작품을 그리고 소개하는 활동도 함께 진행했다. 대부분 아이들은 고흐의 〈해바라기〉를 마음에 들어했는데, 따라 그리는 것이 너무 어렵다고 했다. 미술 수업 시간이었다면 그림을 완성도 있게 그려 보라고 했겠지만, 작품을 찾아보는 것이 목적이었기에 작품의 특징만 살려 따라 그리고 그림에 대한 설명을 간단하게 쓰게 했다.

  이 수업을 진행하기 전에 많은 준비 작업이 필요하다. 도서관에 식물 작품이 수록된 명화집이 있는지 살펴보아야 하고, 학생들이 쉽게 찾을 수 있

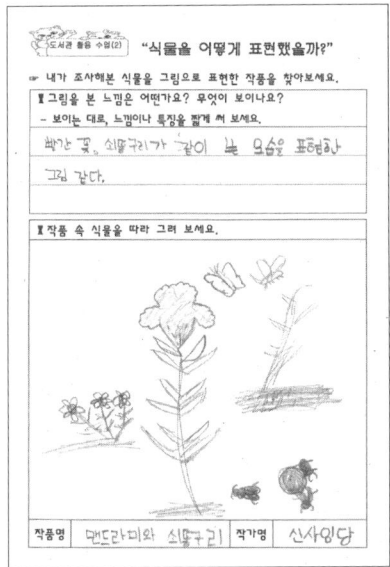
신사임당의 〈맨드라미와 쇠똥구리〉 따라 그리기

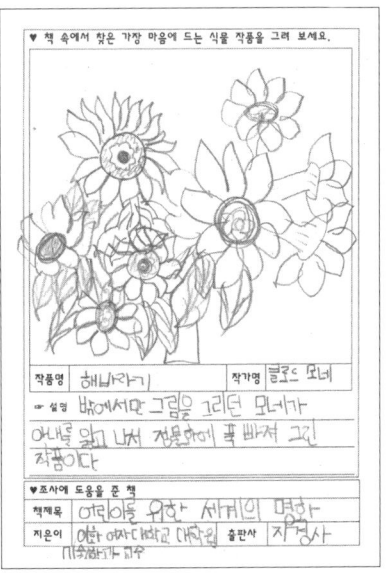
고흐의 〈해바라기〉 따라 그리기

도록 작가별, 주제별로 책을 분류해 놓는 작업도 필요하다. 수업을 할 때는 식물이 나오는 명화를 먼저 찾아보고 그 식물의 한살이를 조사해 보는 것으로 수업 순서를 바꾸어 명화에 표현된 식물들이 자연에서는 어떤 모습으로 성장하는지 알아보는 활동으로 진행하면 아이들이 더 편리하게 조사할 수 있을 것이다.

교육과정을 재구성하는 교과통합 수업은 주제 중심으로 이루어지기 때문에 도서관 활용 수업으로 진행하면 좋은 내용들이 많다. 그러나 교육과정 재구성부터가 쉬운 과정이 아니기 때문에 일반교사들이 수업을 계획하고 실천하려면 많은 준비 작업이 필요하다. 특히 자료를 활용해서 실행하는 수업 때 도서관에 어떤 자료가 구비되어 있는지 먼저 찾아보고 수업을 준비하는 교사가 거의 없다. 따라서 이러한 수업을 실행할 때 교과교사와 사서교사 간의 긴밀한 협조가 이루어진다면 일선 학교에서 통합교과 수업을 효과적으로 실천할 수 있을 것이다.

| 중학년 |

책의 구성요소를 배우고 작가가 되어 나만의 책 만들기

김강선 서울 용동초 사서교사

아이들은 초등학교에 입학하면서 독서기록장을 쓰기 시작한다. 그 안에는 책제목, 지은이, 출판사 등 책의 기본적인 정보를 써야 한다. 독서기록장 활용은 학년이 올라가서도 계속된다. 독서기록장 외에도 국어 교과에서 책을 소개하거나 추천하는 활동, 사회나 과학 교과에서 조사하는 활동 등에서도 출처를 밝혀야 하기 때문에 책의 정보인 서지사항을 쓰는 일은 모든 교육활동에서 빈번하게 일어나고 있다. 이렇게 학교교육과 밀접하게 관련이 있지만 학생들은 책의 구조에 대해 알지 못해 "지은이가 누구예요?", "출판사가 어디에 있어요?", "옮긴이가 뭐예요?"라고 질문을 해온다. 이를 보면서 학생들에게 책의 내용과 함께 물리적 형태를 배울 수 있는 독서교육이 필요하겠다는 생각이 들었다.

초등학교 4학년 통합 『국어』 교과에는 이야기를 직접 만들어 보는 활동이 나온다. 이와 연계해 책의 물리적 형태와 내용적 형태를 함께 배울 수 있는 '팝업북 만들기' 수업을 계획해 보았다. 나만의 이야기를 쓰고 직접 책을 만들어 보는 활동을 통해 책의 구조를 체험적으로 이해하는 것을 목표로 설계했다. 아이들과 함께 책의 부분별 명칭 등 책의 구성요소를 배우고, 나만의 책을 만드는 수업을 진행했다.

1차시 책의 구성요소 알아보기

책의 구성요소 배우기

책의 부분별 명칭과 구성요소를 알려주는 내용을 동영상 자료로 만들어 학생들에게 보여주며 설명을 했다. 이는 독서기록장을 쓰기 위해 기본적으로 배워야 하는 서지사항에 대해 좀 더 이해하기 쉽게 해설한 내용을 담고 있다. 앞표지에 책제목, 지은이, 그림, 출판사 등이 표기되어 있고, 뒤표지에는 책소개 문구, 바코드, ISBN, 가격 등이 표시되어 있다는 것을 하나하나 설명해 주었다.

책만들기에 관한 책 읽기

이야기 쓰기 수업을 진행하기 위해 먼저 도입 활동으로 『멋진 내 책 만들기』(로렌 리디, 미래아이, 2007)와 『스스로 만드는 책』(돈나 구트리 외, 아이북, 2004)을 활용해 이야기 구조와 이야기 쓰기 방법 그리고 책 만들기 과정에 대해서 알아 보았다.

『멋진 내 책 만들기』는 책을 만들기 위해 기획에서부터 아이디어를 모으고 자료 조사하는 과정, 초벌 원고 및 그림을 작성하는 과정, 판형을 정하고 제본하는 과정까지 상세히 알려주는 책이다. 그리고 아이들이 직접 이야기를 만들고 그림을 그려놓고 원하는 모양대로 책을 만들어볼 수 있

정보활용수업을 할 수 있는 국어 교과 단원

교과	단원	학습 목표
『국어』	4-1-5 내가 만든 이야기	- 그림의 차례를 정해서 이야기를 꾸며봅시다. - 사건의 흐름을 파악하며 이야기를 읽어봅시다. - 이야기 흐름을 이해해봅시다. - 이야기를 읽고 이어질 내용을 상상해 써봅시다.
『국어』	4-2-4 이야기 속 세상으로	- 이야기를 읽어 본 경험을 말해봅시다. - 인물, 사건, 배경을 생각하며 이야기를 읽어봅시다. - 인물의 성격을 짐작하며 읽어봅시다. - 사건의 흐름을 생각하며 이야기를 읽어봅시다. - 이야기를 꾸며 책을 만들어 봅시다.

4학년 작가가 되어 책 만들기 수업 흐름

관련 교과	『국어』 4-1-5 '내가 만든 이야기' 『국어』 4-2-4 '이야기 속 세상으로'
수업 목표	작가가 되어서 한 권의 책 만들기
수업준비물	동영상, 책 모형, 바코드, 사인펜, 색연필, 『멋진 내 책 만들기』, 『스스로 만드는 책』, 『부러진 부리』
수업 내용	**1차시 : 책의 구성요소 알아보기** • 『멋진 내 책 만들기』, 『스스로 만드는 책』 함께 읽기 • 책의 구성요소에 대해 이야기하기 • 학습지에 나만의 이야기를 써보기 **2차시 : 팝업북 만들기** • 학습지에 쓴 이야기를 바탕으로 한 권의 책 만들기 • 정리활동 : 책 만들어본 소감 발표하기

게 해 '나만의 책 만들기' 활동에 활용하기 좋다.

『스스로 만드는 책』은 아이들이 스스로 자기의 생각을 글로 쓰고, 그림을 그리고, 출판하기까지의 과정을 단계별로 자세하게 설명하고 있다.

2차시 | 팝업북 만들기

책을 구성하는 요소에 대해 이야기 나누기

1차시에서 배운 책의 구성요소에 대해 얼마나 기억하고 있는지 확인하는 시간을 가졌다. 책의 앞표지와 뒤표지는 무엇으로 구성되어 있는지 질문을 하자 앞표지를 구성하는 요소인 '책제목, 지은이, 출판사'는 대답을 잘 해주었지만 뒤표지의 '바코드, 가격, ISBN, 책소개'에 대해서는 잘 대답하지 못했다. 그래서 다시 책을 구성하는 요소 동영상을 보여주며 이해를 시켰다.

책의 본문을 구성하는 요소와 책과 본문인 이야기에 무엇이 들어가야 하는지 생각해보는 시간을 가졌다. '본문'이라는 단어를 생소하고 어려워해서 다시 "책의 내용에는 어떤 것들이 있을까요?"라고 바꿔서 질문을 했더니 글과 그림이 있다고 잘 대답했다. "책의 이야기에는 무엇이 들어 있을까요?"라고 물었더니 어려워하는 것을 보고 먼저 사람이나 동물 같은 등장인물이 나온다고 말해주니 그 다음에는 "사건과 장소도 나와요"라고 발표하는 것을 볼 수 있었다. 책의 이야기를 구성하는 세 가지 요소가 인물, 사건, 배경이라고 설명해주고, 배운 내용을 다시 확인해보는 학습지를 풀어보는 시간을 가졌다. 학습지에는 책의 구성 요소에 대해 확인하는 문항과 작가가 되어 나만의 이야기를 지어보는 부분으로 구성했다.

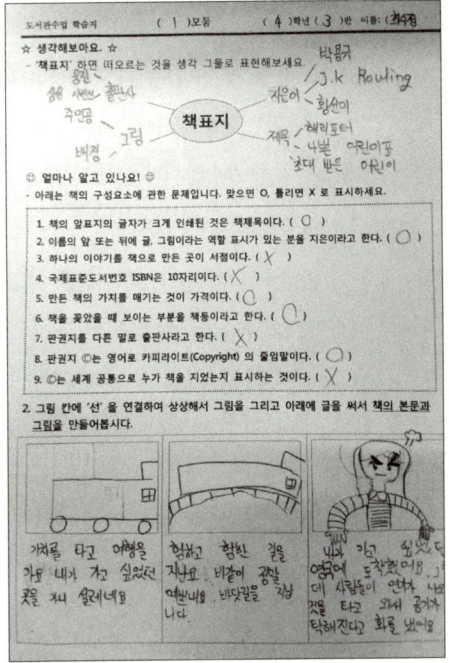

책의 구성요소를 확인하고 나만의 이야기를 꾸며보는 학습지

나만의 이야기를 써보기

학습지에 그림을 그리고 이야기를 꾸미는 문항을 채우며 '작가가 되어 한 권의 책 만들기' 준비를 했다. 이야기를 쉽게 만드는 학생들도 있었지만 이야기를 짓는 것이 어렵다며 막막해하는 학생들도 있었다. 어려움을 느끼는 학생에게 좋아하는 위인이나 인물, 동물을 등장인물로 정해도 괜찮고, 텔레비전이나 인터넷에서 보았던 재미있는 이야기를 활용해도 된다고 힌트를 주었다.

책의 앞표지, 속표제지 만들기

팝업북 만들기 활동은 앞표지-속표제지-본문과 판권지-뒤표지 만들기 순서대로 진행했다. 먼저 앞서 배웠던 책의 구성요소와 이야기 구성요소를 바탕으로 앞표지 만들기 활동을 했다. 자신이 지은 책제목과 지은이에 자신의 이름을 쓰고, 표지 그림도 간략하게 그려 넣고, 출판사 이름도 재미있게 지어서 표현했다. 자신이 만든 책에 자신의 이름을 쓰는 활동에서 뿌듯해했지만 출판사 이름 짓기에 어려움을 느끼는 학생들도 있었다. 사물의 이름을 정하는 것은 깊은 사고력과 창의력을 발휘해야 하는 활동이기에 활동 시간 배분을 여유 있게 해야겠다는 생각이 들었다.

두 번째 속표제지 만들기 활동으로 속표제지에 들어가는 구성요소인 책제목, 지은이, 간략 그림 그리고 헌사를 써 보게 했다. 대부분의 학생들이 '헌사'라는 말을 낯설어해서 헌사의 뜻을 설명해주었다. 그림책 『부러진 부리』(너새니얼 래첸메이어, 문학과 지성사, 2004)의 속표제지를 보여주며 헌사가 감사의 말을 전하는 것이라고 알려줬다. 예시자료와 함께 설명을 듣고 난 학생들은 부모님이나 친구에게 감사의 말을 전하는 헌사를 썼다.

책의 본문 만들기

책의 본문과 판권지 만들기 활동에서는 학습지에 쓴 이야기를 읽어보고, 마음에 들지 않거나 수정할 부분을 고친 후에 책의 본문을 만들었다. 이야기에 맞게 본문 그림을 그린 후에 판권지에 누가 이 책을 쓰고 그림을 그리고 만들었는지, 언제 출판했는지를 담은 판권(저작권)을 표시했다. 판권을 만들면서 저작권의 의미에 대해 간략하게 설명해줬다. 일부 학생들이 인터넷에서 가져온 글, 이모티콘, 사진 등을 그냥 사용했는데 안 되는 것이냐고 질문을 해오는 것을 보면서 학생들이 일상생활 속에서 자연스럽게

 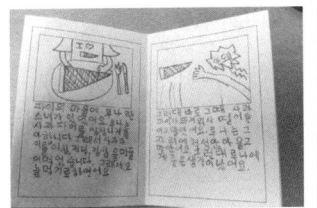 

학생이 만든 팝업북

정보나 자료를 무단으로 사용한다는 것을 알게 되었고 저작권 교육의 필요성을 느꼈다.

마지막 활동으로 책의 뒤표지를 완성했다. 책의 뒤표지에 바코드를 붙이고, ISBN(국제표준도서번호)도 함께 써보고, 가격도 매겨 보았다. 억, 조 등의 단위를 사용하며 장난스럽게 가격을 매기는 학생들에게 "가격은 책의 가치를 나타내는 것이고, 독자들이 책을 살 수 있는 적정 가격을 책정해야 해요"라고 설명하니 그제야 진지하게 고민하며 적정 수준의 가격으로 수정했다.

수업을 마무리하며 한 권의 책을 만들어본 소감을 발표하는 시간을 가졌다. "한 권의 책을 만드는 데 이렇게 많은 노력이 들어가는지 몰랐어요. 힘들지만 뿌듯했어요"라고 의젓하게 소감을 말하는 학생도 있었고, "제 책에 바코드를 붙였는데 도서관 리더기에 찍히나요?"라고 엉뚱한 소감을 전해 웃음을 자아낸 학생도 있었다.

통합 국어 교과에는 모든 학년이 공통적으로 책의 이야기를 배우고 만들 수 있는 단원이 나온다. 책의 형태적 구성요소를 이해할 수 있는 교육을 선행하고 이야기 만들기 단원과 책 만들기 활동을 접목해 교육한다면 좀 더 알차고 재미있는 국어과 도서관 수업을 할 수 있을 것이다. 그리고 이 교육을 통해서 우리 주변 가까이에서 늘 쉽게 만나고 접하는 책의 소중함과 가치, 그 의미를 새기는 좋은 기회가 될 것이다.

| 중학년 |
신문을 활용해 자유탐구 활동하기

이윤희 용인 소현초 사서교사

2015 개정교육과정의 교육 목적은 바른 인성을 갖춘 창의융합형 인재를 기르는 것이다. 교육부에서는 교육과정을 통해 학생들이 갖추어야 할 미래 인재의 핵심역량을 크게 6가지로 설정했다.

- 자기관리 역량 : 자아정체성과 자신감을 가지고 자신의 삶과 진로에 필요한 기초 능력과 자질을 갖추어 자기주도적으로 살아갈 수 있는 역량
- 지식정보처리 역량 : 문제를 합리적으로 해결하기 위해 다양한 영역의 지식과 정보를 처리하고 활용할 수 있는 역량
- 창의적 사고 역량 : 폭넓은 기초 지식을 바탕으로 다양한 전문 분야의 지식, 기술, 경험을 융합적으로 활용해 새로운 것을 창출하는 역량
- 심미적 감성 역량 : 인간에 대한 공감적 이해와 문화적 감수성을 바탕으로 삶의 의미와 가치를 발견하고 향유하는 역량
- 의사소통 역량 : 다양한 상황에서 자신의 생각과 감정을 효과적으로 표현하고 다른 사람의 의견을 경청하며 존중하는 역량

- 공동체 역량 : 지역·국가·세계 공동체의 구성원에게 요구되는 가치와 태도를 가지고 공동체 발전에 적극적으로 참여하는 역량

위와 같은 역량은 각 교과의 교육과정 성취기준 달성을 통해 이루어질 수 있는데, 독서 및 도서관 정보활용수업도 핵심역량을 기르는 활동의 중심 역할을 할 수 있다. 특히 지식정보처리 역량은 다양한 정보원 속에서 내가 필요한 정보가 무엇인지 선별해 문제 해결에 적용하고 새로운 지식으로 만들어내는 과정을 배울 수 있는 도서관 정보활용수업을 통해 충분히 달성할 수 있다. 아이들이 이러한 역량을 가지고 교과 수업이나 일상생활에서 생기는 문제 또는 호기심을 책으로 해결할 수 있도록 신문 자료를 활용한 수업을 계획하고 실천해 보았다. 4학년 사회 교과에서 우리 지역의 문화유산, 인물을 조사하는 수업을 진행하기 때문에 자료 조사하는 방법을 제대로 배울 수 있도록 4학년을 대상으로 했다. 수업은 과학과 교육과정의 자유탐구과정(6단계)을 적용해 총 2차시(80분)에 걸쳐 진행했다.

1차시 탐구 주제 정하고 탐구하기

1단계- 탐구 주제 정하기

학생들이 자신이 탐구하고자 하는 주제를 탐색하고 구체적인 탐구 주제를 정하는 단계다. 이때 학생들에게 무작정 주제를 정해 보라고 하면 주제를 정하는 시간이 너무 오래 걸리기도 하고, 쉽게 결정을 하지도 못한다. 주제 선정에 도움을 주기 위해 인터넷 어린이신문의 내용을 활용했다. 과학 지식이 필요한 내용을 담은 신문기사를 보여주고, 더 조사하고 싶은 내용을

4학년 신문에서 탐구 주제 정해 조사 활동하기 수업 흐름

수업 목표	– 신문에서 알고 싶은 주제를 책으로 조사할 수 있다. – 협업을 통해 조사한 내용을 신문으로 표현할 수 있다.
수업준비물	8개 신문기사, 모둠별 조사활동지

수업 내용	**1차시 : 탐구 주제 정하고 탐구하기**
	• 1단계 : 탐구 주제 정하기
	  신문기사 보고 탐구해보고 싶은 주제 정하기(개인활동)
	• 2단계 : 탐구 계획 세우기
	  개인별로 정한 주제를 조사하는 방법 알고 계획 세우기
	  모둠별로 탐구 주제 정하고 계획 세우기
	• 3단계 : 탐구 실행하기
	  모둠별 계획에 맞춰 도서관에 있는 자료 찾아보고 조사하기
	2차시 : 탐구 내용 표현하고 발표하기
	• 4단계 : 탐구 보고서 만들기
	  조사한 내용을 신문기사 형식으로 기록하기
	  모둠별로 역할을 분담해 신문 만들기
	• 5단계 : 탐구 결과 발표하기
	  모둠별 신문 게시하고 상호 평가하기
	• 6단계 : 탐구 활동 평가하기
	  모둠별 탐구 과정 및 신문 기사문 평가하기

주제로 선정하도록 지도했다. 어린이신문을 발간하고 있는 신문사에서 지면과 같은 형식의 PDF파일을 온라인상에 제공하고 있기 때문에 활용하기 편리하다. 코끼리 똥으로 만든 종이, 봄꽃 개화 시기, 공생하는 동물들, 개기월식, 독도를 자기 땅이라고 우기는 일본, 독립운동가 등의 내용이 실려 있는 여덟 개의 신문기사를 보여주고, 더 조사해보고 싶은 주제를 선정해 탐구 계획을 세워보라고 했다. 탐구 계획을 세우는 데 어떤 책을 활용하면

신문기사에서 자유주제 찾아보기

좋은지도 함께 소개해줬다. 예시 자료는 2015년 3월에 〈어린이동아〉 인터넷신문에 수록된 기사를 발췌한 것이다.

2단계- 탐구 계획 세우기

탐구 주제에 적합한 탐구 방법을 선택하고 수행하기 위해 필요한 자료, 시간, 방법 등을 구체적으로 계획하는 단계이다. 이 수업은 2차시(총 80분)로 이어진 활동이므로 조사시간은 25분이 주어졌으며 조사활동은 개인적으로 하되 보고서는 모둠별 신문 형식으로 제출하게 했다. 같은 모둠 안에서는 모둠원들이 여덟 개의 신문기사 중 각각 다른 주제를 정해 조사할 수 있도록 하였으며 개인별로 조사한 내용을 신문기사 형식으로 정리해서 기록하도록 안내했다. 예컨대 '봄꽃의 개화 시기'를 조사 주제로 정했다면 신문에 나오지 않은 다른 봄꽃은 어떤 종류가 있고 언제 개화하는지 등을 조사하겠다고 계획을 세우는 것이다. 주제를 정해도 그 주제로 된 책 제목이 많지 않기 때문에 주제어 선정, 주제에 맞는 책 찾는 방법 등 아이들이 어려워하는 내용은 사서교사와 계속 소통하는 과정을 거쳤다. 모둠별로 신문 제목을 정하고 신문을 만드는 역할 분담(편집장, 편집자), 디자인(담당 등)도 하면서 구체적인 조사 주제 및 신문 제작 계획을 세웠다.

3단계- 탐구 실행하기

탐구 계획에 맞추어 탐구를 실행하면서 관찰하거나 수집한 내용을 기록하는 단계이다. 학생들은 모둠별로 세운 계획대로 각자가 자료를 찾아 조사한 내용을 기록했으며 조사하고자 하는 내용에 관한 책이 없으면 사서교사와 의논해 주제를 조금씩 수정하면서 조사 활동을 했다. 신문에 그림도 들어가기 때문에 조사한 내용을 신문기사 형식의 글과 그림으로 기록할 수 있는 활동지를 배부했다. 활동지 형식은 있지만 활동지를 다 채울 필요 없이 자신에게 필요한 내용을 자유롭게 쓸 수 있도록 안내했다.

2차시 탐구 내용 표현하고 발표하기

4단계- 탐구 보고서 만들기

탐구 주제, 탐구 과정, 결과를 다른 사람에게 명확하게 전달할 수 있도록 기록하는 단계이다. 1차시에는 조사활동이 중심이었고, 2차시에는 각 모둠이 조사한 내용을 모으고 신문을 만들도록 했다. 탐구 계획을 세우는 과정에서 역할 분담을 했기 때문에 모둠장이 모둠원들이 조사해온 내용을 살펴보고 부족한 부분은 더 조사하도록 했으며 신문 편집을 맡은 학생이 모둠원들이 조사한 기록물을 머메이드 색지에 붙이는 작업을 했다. 학생들이 쓴 기사문 아래에는 조사한 학생의 이름을 기입하도록 해 모둠 구성원 중 한 명도 빠짐없이 신문 제작에 참여하도록 했다.

5단계- 탐구 결과 발표하기

다양한 방법으로 탐구한 내용의 결과를 다른 사람들에게 알리고, 주제와 관련된 다양한 토의와 토론을 실시하는 단계이다. 이번 탐구활동 보고서는 모둠별 신문 만들기로 대체했기 때문에 따로 발표하는 시간은 갖지 않고, 각 모둠이 완성한 신문을 칠판에 붙여 자유롭게 관람할 수 있게 했다. 같은 주제를 다른 모둠은 어떻게 조사했는지 비교해 보기도 하고, 조사 내용에 부족한 부분은 없었는지, 다른 친구들은 어떤 주제를 조사했는지 살펴보는 시간을 가졌다. 학생들은 다른 모둠의 신문을 보면서 자기 평가 또는 동료 평가를 실시할 수 있었다.

6단계- 탐구 활동 평가하기

학생들의 탐구 과정과 결과를 평가하고 피드백을 제공해 학생들의 탐구 능력을 증진하기 위한 단계이다. 이번 수업은 알고 싶은 주제를 조사하기

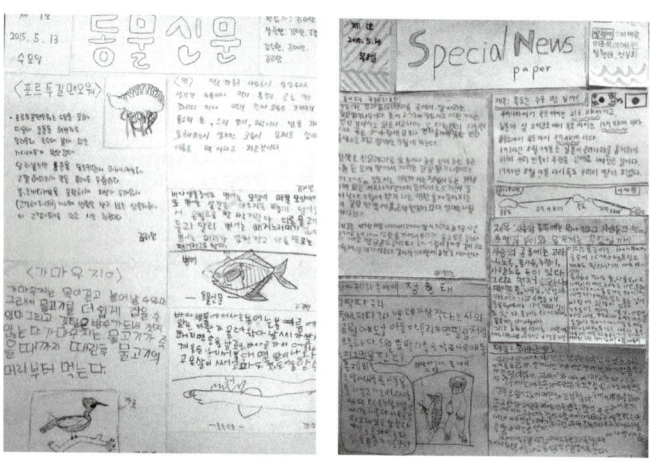

모둠별로 완성한 신문들

위해 책에서 찾은 정보를 처리하고 활용하는 방법을 배우는 것이 주목적이었기 때문에 점수화가 아닌 피드백을 제공하기 위한 평가를 실시했다. 평가기준으로 설정할 수 있는 내용은 다음과 같다.

- 탐구 주제를 명확하게 선정하고, 탐구 계획을 구체적으로 세웠는가?
- 조사할 내용의 검색어를 효과적으로 선정해 자료를 충분히 조사하였는가?
- 모둠별로 역할분담을 해 각자 구성원들이 자기 주도적이고 적극적으로 참여하였는가?
- 신문의 내용이 구체적이고 알기 쉽게 작성되었는가?

학생들은 탐구활동 중 조사하고자 하는 주제의 자료를 찾아내는 것과 그 자료에서 자신에게 필요한 정보를 골라내는 과정을 가장 어려워했다. 이 때문에 인터넷으로 손쉽게 자료를 찾는 방법을 선호한다. 그러나 인터넷에서 발견한 자료는 정확성이나 신뢰성을 검증하기 어려우므로 책에서 찾을 수 있는 정보라면 전문가가 저술한 책을 찾아보는 것을 권장하는 것이 좋다.

도서관에서 자유탐구 수업을 진행하려면 교사가 수업 전에 수업 계획을 잘 세워야 한다. 도서관에 주제별로 조사할 수 있는 책들이 어느 정도 있는지, 어느 위치에 있는지 미리 점검해 두어야 학생들의 조사활동에 효율적으로 도움을 줄 수 있다. 학생들이 도서관 활용 수업을 통해 검색어를 선정하는 방법, 색인이나 목차를 활용하는 방법, 조사한 자료를 활용하는 방법 등을 지속적으로 경험하면서 지식정보처리 역량을 기르면 미래 사회에 필요한 인재로 성장할 수 있을 것이다.

개인 조사 활동지

나만의 취재 노트 (　　)학년 (　　　)반 (　　　)

1. (　　　　)을 주제로 선택한 이유

| |
| |
| |

2. 조사한 책

제목			
지은이		출판사	

3. 조사한 내용(공간이 부족하다면 뒷면을 활용하세요.)

이름		설명(특징 등 전달할 내용)
그림으로 표현하기		

4. 기사문을 읽는 독자에게 하고 싶은 말

| |
| |
| |
| |

5. 나만의 신문 제목을 정해 보세요.(여러 가지 생각나는 대로 써 보기)

| 저학년 |

한복과 명절에 대해 통합교과 조사활동하기

이윤희 용인 소현초 사서교사

2015년 개정교육과정부터 1, 2학년은 계절별로 배울 수 있는 내용이 담긴 『봄』, 『여름』, 『가을』, 『겨울』 교과서로 교육과정을 운영하고 있다. 이 교과서들은 『바른생활』, 『슬기로운 생활』, 『즐거운 생활』 교과가 통합된 것이다. 통합교육과정에는 '조사하기' 영역이 포함되어 있는데, '자료를 찾아요' 소단원에서는 '도서관에서 책 찾아보기, 어른들께 여쭤보기, 인터넷에서 찾아보기' 등의 활동을 통해 다양하게 조사를 해보는 내용으로 구성돼 있다. 2학기에 1학년을 대상으로 정보활용수업을 하기 위해 9~12월에 수업이 진행되는 『가을』, 『겨울』 교과서를 살펴보았다.

교과서에는 '추석'과 '가을에 볼 수 있는 동식물'을 주제로 한 다양한 활동이 나와 있다. 이 중에 가을에 볼 수 있는 동식물 조사활동은 도감이나 다른 자료를 찾아보는 연습이 선행되어야 하므로 '추석'에 대해 조사하는 활동을 먼저 해보기로 했다. 『가을』의 2단원 '추석과 설날 비교하기'와 연계해 '한복에 대해 알아보기' 활동을 포함해 2차시 수업을 계획하고 다음과 같이 실천해 보았다.

1학년 2학기 『가을』 교과에서 도서관 활용 수업을 할 수 있는 단원

단원	소단원	주요 활동 내용
2. 현규의 추석	추석이다!	– 추석에 대해 알아보기
	큰 명절, 추석	– 추석과 설날 비교해보기
	추석을 준비해요	– 추석을 준비하는 모습 살펴보기
	반가워요! 가을 친구들	– 가을에 볼 수 있는 친구(식물, 동물)들을 살펴보고 여러 가지 방법으로 무리 짓기
	현규의 추석 이야기	– 추석에 대해 알게 된 것을 책으로 만들기

1학년 2학기 『겨울』 교과에서 도서관 활용 수업을 할 수 있는 단원

단원	소단원	주요 활동 내용
1. 여기는 우리나라	색이 고운 우리 옷	– 한복 살펴보기
	맛나고 정겨운 우리 음식	– 우리 전통 음식 알아보기 – 우리 전통 음식 소개하기
	조상의 지혜가 담긴 우리 집	– 우리 전통 집 알아보기
	우리나라를 소개해요	– 우리나라를 소개하는 자료 만들어 보기
2. 우리의 겨울	온 세상이 하얗게 바뀌었어요	– 겨울에 하는 놀이 살펴보기 – 내가 하고 싶은 겨울 놀이 조사하기

1차시 추석과 설날 비교하기

『솔이의 추석 이야기』 함께 읽기

동기유발 활동으로 『솔이의 추석 이야기』(이억배, 길벗어린이, 1995)를 함께 읽었다. 교과서에 '추석을 준비하는 모습을 살펴보기' 활동이 나와 있기 때문에 책을 읽는 중간중간 추석을 준비하는 과정을 살펴보면서 이야기를 나누었다. 1995년에 출간된 책이라 당시의 모습과 현재의 모습을 비교할 필

1학년 통합교과 조사활동 수업 흐름

관련 교과	『가을』 1-2-2 '현규의 추석' 『겨울』 1-2-1 '여기는 우리 나라' / 1-2-2 '우리의 겨울'
수업 목표	- 책을 읽고 추석과 설날을 비교할 수 있다. - 책을 읽고 한복의 명칭과 입는 과정을 설명할 수 있다.
수업준비물	『솔이의 추석 이야기』, 『사시사철 우리 놀이 우리 문화』, 『설빔-여자아이 고운 옷』, 『설빔-남자아이 멋진 옷』, 독서기록장, 명절 조사 활동지, 한복 명칭 맞추기 활동지
수업 내용	**1차시 : 추석과 설날 비교하기** • 『솔이의 추석 이야기』 읽고 독서기록장 작성하기 • 『사시사철 우리 놀이 우리 문화』 보며 추석과 설날 비교해 보기 **2차시 : 한복에 대해 알아보기** • 『설빔-여자아이 고운 옷』, 『설빔-남자아이 멋진 옷』 보고 한복의 명칭 익히기 • 여자아이 한복과 남자아이 한복 비교하는 활동지 작성하기

요도 있었다. 예전에는 명절 전에 목욕탕에 가서 몸을 깨끗이 하는 경우가 많았다고 이야기를 해주자 자주 집에서 목욕을 하는 요즘 아이들은 그 모습을 낯설어했다. 또한 명절 선물을 작은 슈퍼에서 구입하는 모습이나, 정체된 도로에서 음식을 사 먹는 풍경도 요즘에는 보기 드문 광경이라 흥미롭게 이야기를 들었다.

추석과 설날 비교하기

추석과 설날을 비교해 보는 활동을 하기 위해 1학년 수준에 적합한 책을 찾아봤는데, 명절에 대해 알려주는 책은 대부분 3학년 이상의 수준에 알맞은 것이었다. 설명이 자세히 나와 있진 않지만 명절 풍경을 엿볼 수 있는 『사시사철 우리 놀이 우리 문화』(이선영, 한솔수북, 2019)를 보며 추석과 설날을 조사해보기로 했다. 마침 도서관에 해당 책 30권이 소장되어 있어서 아이들 각자 한 권씩 갖고 조사활동을 할 수 있었다.

1학년은 낱말과 문장을 배우는 시기이기 때문에 각자 스스로 조사를 해보라고 하면 시간이 오래 걸리고 조사활동도 제대로 이루어지기가 어렵다. 단어로 답을 쓸 수 있는 활동지를 만들어 아이들과 함께 책장을 넘겨가며 조사활동을 했다. 추석을 다른 말로 '한가위'로 부른다는 사실을 알아보기도 하고, 설날에 하는 윷놀이에서 '도, 개, 걸, 윷, 모'가 각각 의미하는 동물과 윷놀이 방법도 알아보았다. 책에는 연날리기, 팽이치기와 같은 겨울철 놀이도 그림과 함께 잘 표현돼 있어서 '겨울에 하는 놀이 살펴보기', '내가 하고 싶은 겨울 놀이 조사하기' 등의 활동 과제가 나와 있는 『겨울』 교과서의 조사하기 단원과도 연계할 수 있었다.

단어로 답을 쓸 수 있는 활동지

1학년은 2학기부터 독후감상문을 쓰기 시작하기 때문에 책 표지를 살펴보면서 독서기록장에 책 제목, 지은이, 출판사를 쓰는 것도 연습해 보았다.

2차시 한복에 대해 알아보기

책을 읽고 한복의 명칭 익히기

1차시에 명절 조사활동을 했다면 2차시에는 명절에 입는 한복에 대해 알아보는 시간을 가졌다. 통합교과 『겨울』에 나온 '한복 살펴보기' 학습과제와 연계해서 진행할 수 있었다. 아이들에게 추석에 입는 새 옷을 '추석빔', 설날에 입는 새 옷을 '설빔'이라 부른다는 것을 알려준 후 『설빔-여자아이 고운 옷』을 함께 읽었다.

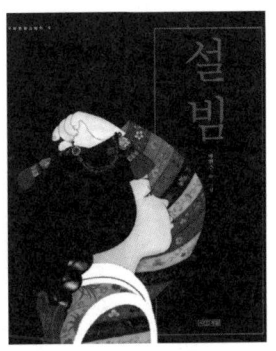

설빔-여자아이 고운 옷
배현주 지음, 사계절, 2006

이 책은 여자아이가 치마, 버선, 색동저고리, 댕기, 털배자, 꽃신, 조바위 등을 입는 모습을 통해 한복을 입는 방법과 각 복장과 장신구의 명칭을 알려주고 있다. 여자아이의 한복을 알아본 후 남자아이의 한복에 대해 알려주는 『설빔-남자아이 멋진 옷』도 함께 읽었다. 남자아이는 여자아이와 달리 바지보다 버선을 먼저 신는데, 왜 버선을 먼저 신는지에 대해 한복 바지의 모습과 입는 과정을 보여주면서 설명해줬다. 바지와 저고리만 입었을 때는 평범해 보이는 한복이 겉옷으로 까치두루마기와 전복을 입으면서 더 멋스러워지는 모습을 아

설빔- 남자아이 고운 옷
배현주 지음, 사계절, 2007

이들은 신기해하며 집중해서 보았다. 겨울에 남자아이가 착용하는 호랑이 모자 '호건'은 여자아이가 쓰는 모자 '조바위'와 서로 모양과 명칭을 비교해 보기도 했다. 두 그림책을 다 읽은 후에는 여자아이와 남자아이가 어떤 순서로 한복을 입었는지 PPT 화면을 보고 알아맞히는 활동도 했다.

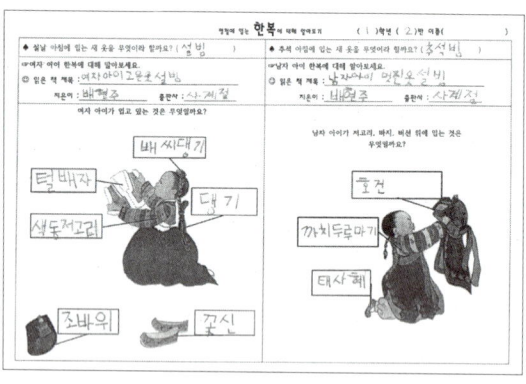

여자아이와 남자아이 한복의 명칭에 대해 알아보는 활동지

활동지를 채우며 한복에 대해 이해하기

이제 막 낱말과 문장을 배우는 1학년의 경우 다른 학년보다 더 철저하게 활용수업을 준비해야 한다. 활동지에도 서술형으로 "무엇을 조사해보세요"라고만 쓰면 대부분 아이들이 무엇을 조사해야 하는지를 모른다. 또 조사한 내용을 옮기는 과정에서도 글자나 맞춤법을 틀리게 쓰는 경우가 대부분이다. 따라서 1학년 도서관 활용 수업을 계획할 때에는 아이들이 단답형으로 기록할 수 있는 활동지를 준비하고, 교사와 아이가 함께 책을 읽으며 조사할 내용을 찾아보고 기록해보는 활동을 진행해볼 것을 권한다. 조사활동을 함께 해도 수업을 따라오지 못하는 아이가 생길 수 있으니, 교사가 아이들의 활동지를 꼼꼼히 확인해봐야 한다. 활동지를 쓴 후 아이들이 배운 내용을 말(문장)로 표현할 수 있도록 발문하고 발표하는 시간을 가지면 더욱 기억에 남는 수업이 될 것이다.

| 고학년 |
자랑스러운 우리 문화유산, 수원화성 체험하기

이윤희 용인 소현초 사서교사

조선시대 역사나 문화재에 관한 수업에서 빠질 수 없는 것 중 하나가 바로 수원화성이다. 수원화성은 조선 정조 시대에 동서양의 과학과 기술이 적용된 성곽으로, 군사적 방어 기능과 상업적 기능을 함께 보유한 실용적인 구조로 되어 있어 근대 초기 성곽건축의 백미로 평가받고 있다. 1997년에는 세계유네스코 문화유산으로 지정되기도 했다. 수원화성을 이야기할 때 빼놓을 수 없는 것이 『화성성역의궤』이다. 이 책은 화성 축성의 모든 과정을 자세하게 담고 있어 파괴되었거나 소실된 성곽을 축조 당시 모습으로 복원할 수 있게 뒷받침하는 중요한 자료이다. 수업시간에 『화성성역의궤』를 소개하면서 발췌한 내용을 읽기 자료로 만들어 나누어주고, 기록물의 중요성에 대해 알려줬다.

수원화성에는 수원박물관과 화성행궁이 있고, 화성축성을 기념하는 축제도 열리기 때문에 체험학습 공간으로 많이 활용되고 있다. 수원화성을 답사하기 전 도서관을 활용한 조사학습이 이루어진다면 체험학습의 효과를 높일 수 있을 것으로 기대하며 수업을 진행했다. 수원화성에 대한 조사

활동은 5학년 2학기 『사회』 교과와 연계할 수 있으며, 경기도에 있는 학교의 경우 3학년과 4학년 사회 교과와도 연계할 수 있다.

3학년 사회 교과에서 다루는 '우리 고장의 문화유산'은 자연 환경적 요소와 인문 환경적 요소를 모두 포함하고 있어서 도서관을 활용해 다양한 문화유산을 조사하는 수업을 할 수 있다. 5학년 사회 교과에는 도서관에서 수원화성에 관련된 자료를 찾아보거나 '수원화성 사이버 투어' 누리집을 활용해 수원화성의 아름다운 건축물을 살펴보도록 하고 있다. 도서관 활용 수업 사례로 소개하고자 하는 활동은 5학년을 대상으로 한 수원화성 탐구 조사 활동으로 총 2차시로 실시하였으며 조사할 내용이 많아 모둠활동으로 진행했다.

문화유산 조사 수업과 연계할 수 있는 사회 교과 단원

교과	단원(차시)	소단원	주요 활동 내용
『사회』	3-1-2 우리가 알아보는 고장 이야기	2) 우리고장의 문화유산	- 우리 고장의 문화유산이 소중한 까닭 알기 - 우리 고장의 문화유산을 조사하는 방법 알기 - 우리 고장의 문화유산을 다양한 방법으로 소개하기
『사회』	4-1-2 우리가 알아보는 지역의 역사	1) 우리 지역의 문화유산	- 우리 지역의 문화유산 답사하기 - 우리 지역의 문화유산 소개 자료 만들기
『사회』	5-2-2 사회의 새로운 변화와 오늘날의 우리	1) 새로운 사회를 향한 움직임	수원화성 건설에 숨어 있는 과학 기술 찾아보기

5학년 수원화성 조사활동 수업 흐름

관련 교과	『사회』 5-2-2 '사회의 새로운 변화와 오늘날의 우리'
수업 목표	- 책과 자료를 활용해 문화유산 조사해본다. - 체험활동을 통해 문화유산을 조사해본다.
수업준비물	『정조의 꿈을 품은 성곽, 수원화성』, 『화성성역의궤』, 수원화성활동 조사 미션지, 지점토
수업 내용	**1차시 : 책과 자료를 활용해 수원화성 조사하기** • 동기유발 : 수원화성 관련 그림책 읽기 • 모둠별 조사탐구 활동 1 : 수원화성 소개 게시판 만들기 **2차시 : 수원화성 체험하기** • 모둠별 조사탐구 활동 2 : 직접 수원화성을 돌아다니며 미션지 해결하기 • 만들기 활동 : 무너진 동북공심돈 복원 모형 만들기

1차시 책과 자료를 활용해 수원화성 조사하기

수원화성 그림책 읽기

수업 전 동기유발 활동으로 『정조의 꿈을 품은 성곽, 수원화성』(김진섭, 웅진미디어, 2012)을 함께 읽었다. 이 책은 펼치면 병풍처럼 세울 수 있고, 앞면을 펼쳐 원을 만들면 화성 안에서 바라본 모습을, 뒷면을 펼쳐 원을 만들면 화성 밖에서 바라본 화성성곽의 모습을 볼 수 있어서 활용하기 좋은 자료이다. 책의 내용을 파워포인트로 제작해 학생들이 다 함께 읽어 보았으며 내용 확인이 끝난 후에는 준비한 여섯 권의 책을 나누어 주어 모둠별로 직접 살펴볼 수 있게 했다. 책의 마지막 장에는 『화성성역의궤』를 소개하는 내용도 포함되어 있어 기록물의 중요성을 이야기하면서 화성 건축에 사용된 거중기와 녹로, 그리고 각각의 건축물들이 의궤에는 어떻게 설명되어 있는지 보여 주었다. 의궤의 내용은 수원박물관 누리집의 자료실에서 전자책으로 볼 수 있다.

조사탐구 활동 1 - 수원활동 소개 게시판 만들기

먼저 수원화성 건설과 관련해 배경지식으로 알고 있어야 하는 수원화성과 관련된 인물, 역사적 배경, 건축물에 대해 모둠별로 조사하도록 했다. 그리고 정보 문제를 세 가지 제시해 어떤 문제를 해결할 것인지 모둠별로 선택하게 했다. 여섯 모둠이기 때문에 같은 정보 문제는 두 모둠만 선택할 수 있게 했다. 정보문제해결 4단계에 따라 모둠별로 협의해 조사를 했으며, 같은 정보 문제를 해결한 두 모둠은 문제해결 과정과 결과물을 서로 비교해볼 수 있었다.

수원화성과 관련된 3가지 정보 문제

1. 수원화성과 관련된 주요 인물에 대해 알아보시오.
2. 수원화성의 각 건축물의 특징에 대해 알아보시오.
3. 수원화성이 만들어진 역사적 배경에 대해 알아보시오.

정보문제해결 4단계

1단계 - 우리 모둠의 과제가 무엇인지 알기
2단계 - 과제해결에 필요한 정보원(책) 찾기
3단계 - 선택한 정보원에서 적절한 정보를 찾아 정리하기
4단계 - 평가 및 반성하기

정보 문제 1, 2번은 수원화성 조사 때 자주 다뤄지는 내용으로 정조, 정약용, 채제공 등을 들 수 있다. 건축물은 수원화성에서만 볼 수 있다는 서북공

심돈, 남공심돈, 동북공심돈뿐만 아니라 창룡문(동문), 화서문(서문), 팔달문(남문), 장안문(북문)의 역할과 차이 등을 비교해 조사할 수 있다. 특히 정보 문제 3번 '수원화성이 만들어진 역사적 배경'과 관련해서 조선시대 정조의 화성 신도시 건설과 오늘날의 행정복합도시(세종시)를 비교해 보도록 안내했다.

4단계의 정보문제해결 과정이 끝난 후에는 모둠 구성원들이 각각 조사한 내용을 기록한 조사카드를 8절지에 붙여 수원화성 소개 게시판을 완성했다. 각 모둠에서 완성한 수원화성 소개 게시판은 도서관 모둠학습실 앞에 전시해 다른 모둠은 어떤 내용을 조사했는지 살펴보게 한 후 각 모둠이 만든 퀴즈로 문제 맞추기 활동을 했다.

2차시 수원화성 체험하기

조사탐구 활동 2 - 수원화성 미션지 해결하기

수원화성 건축물을 조사하고 미션을 해결하는 활동이다. 수원화성 미션지는 수원 사서교사 연구회에서 제작한 3단 리플렛 형식의 미션지를 활용했다. 체험학습 전 미리 책으로 조사한 후 직접 수원화성에 가서 확인해 보면 더 효과적이다. 수원화성을 구성하고 있는 건축물과 그 역사적 의미까지 조사해야 하기 때문에 모둠 구성원들이 함께 협의한 후 역할을 분담해 미션을 해결하도록 했다.

무너진 동북공심돈 복원하기

조선후기에 만들어진 수원화성은 일제 강점기와 6.25전쟁 등을 겪으면서 일부 파손되고 손실되었지만 축성과정이 섬세하게 기록되어 있는『화성성역의궤』덕분에 복원될 수 있었다. 또한 복원된 문화재이지만 유네스코 세계문화유산으로 등재될 수 있던 것도 공사일정, 장인 명단, 지급 노임, 사용된 자재, 기구, 도면 등이 자세히 기록된 『화성성역의궤』가 있었기 때문이다. 학생들에게 기록유산의 중요성에 대해 설명하면서 『화성성역의궤』의 내용 중에서 동북공심돈에 대한 설명을 발췌해 읽기 자료로 나눠줬다. 화성 성곽에서 망루 역할을 했던 동북공심돈에 대한 그림과 설명을 읽고 모둠활동으로 '나만의 동북공심돈'을 만들어 보는 활동을 했다. 칼라점토를 벽돌처럼 쌓아 동북공심돈을 만든 후에는 『화성성역의궤』처럼 높이, 둘레의 길이, 벽돌 높이, 벽돌 개수, 구멍 모양 및 개수, 만든 사람(모둠원) 등을 설명하는 기록물도 작성했다.

"아는 만큼 보인다"라는 말이 있다. 유홍준 작가가 『나의 문화유산답사기』에서 조선후기 문인 유한준의 문장을 인용해 유명해진 말로 원래의 문장은 이러하다. "알면 곧 참으로 사랑하게 되고, 사랑하면 참으로 보게 되고, 볼 줄 알게 되면 모으게 되니 그것은 한갓 모으는 것은 아니다(知則爲眞愛 愛則爲眞看 看則畜之而非徒畜也)." 배우지 않고 모르는 상태에서 보았을 때 문화유산은 그냥 역사가 남겨 놓은 유물로만 보일 뿐이다. 하지만 문화유산이 지닌 역사적 의미와 가치를 알고 본다면 그것이 지니고 있는 참된 아름다움을 사랑하게 될 것이다.

이 수업을 통해 배운 것을 토대로 직접 수원화성의 성곽과 성문들을 체험한다면, 벽돌 하나하나가 소중한 보물로 보일 것이고 살기 좋은 도시를 건설하고자 했던 정조의 마음을 엿볼 수 있을 것이다.

'나만의 동북공심돈' 만들기 활동지

특명! 무너진 동북공심돈을 복원하라~

☞아래 설명을 읽고 동북공심돈을 만들어 봅시다.

공심돈이란 글자의 뜻대로 하면 속이 빈 돈대이다. '돈'이란 높은 흙무더기라는 뜻으로 성곽 주변을 감시해 적군의 접근 여부를 살피고, 적의 공격 시 방어시설로도 활용되는 곳이다. 전쟁으로 무너진 공심돈은 『화성성역의궤』덕분에 옛 모습 그대로 복원될 수 있었다.

『화성성역의궤』 내용 (화성성역의궤(상)-수원박물관E-Book)	무슨 설명일까요?(주요 설명)
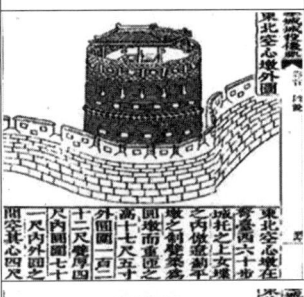	동북공심돈은 동장대의 동쪽, 동북노대의 서쪽으로 60보쯤 떨어진 곳에 위치해 있다. 동북공심돈의 크기는 높이 17척 5촌(약 5.42m), 바깥 원둘레 122척(약 38m), 벽돌로 된 부분의 두께 4척(약 1.24m), 안쪽 원 둘레 71척(약 22m)으로, 내원과 외원 사이에는 4척 5촌(약 1.39m)의 공간이 비워져 있다. ※척 = 옛 길이의 단위로 1척은 약 30.303cm ※촌 = 옛 길이의 단위로 '치'와 같은 말이며, 약 3.03cm
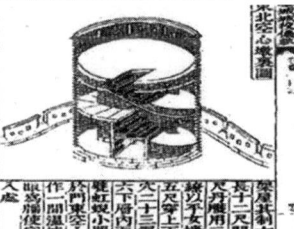	각 층의 3면에는 총안 40개와 포혈 23개를 뚫었고, 특히 중층에는 열쇠구멍 모양의 전안을, 상층의 평여장 밑에는 배수를 위한 6개의 누혈을 뚫었다. ※총안 = 총포를 사격할 수 있도록 내놓은 구멍 ※포혈 = 포를 쏠 수 있게 성벽에 뚫은 구멍
	아래층에서 시작되는 구불구불한 벽돌 계단을 올라가면 5척(약 1.55m) 높이의 여장이 둘러쳐진 최상층에 다다르는데, 이곳에는 정면 2칸, 측면 1칸의 누각을 세워 병사들이 몸을 피할 수 있게 했다. 동북공심돈의 출입구를 들어서서 바로 우측에는 공심 일부를 막아 온돌 한 칸을 짓고 방안을 창으로 삼아, 이곳을 지키는 병사가 들어가 거처하게 했다. ※누각 = 사방을 바라볼 수 있도록 문과 벽이 없이 다락처럼 높이 지은 집

☞ 앞의 사진과 설명을 보고 모둠별로 동북공심돈으로 복원한 후 글과 그림으로 기록물을 남겨 봅시다.

동북공심돈을 설명한 『화성성역의궤』의 그림을 참고로 해 축소된 동북공심돈을 만든 후 높이, 둘레의 길이, 벽돌 높이, 벽돌 개수, 구멍 모양 및 개수, 만든 사람 등을 설명하는 기록물을 남겨 보세요.

복원한 모습(그림)	설 명
앞 모 습	
뒷 모 습	
옆 모 습	

| 고학년 |

색인과 차례 활용을 배우는 팝업북 도감 만들기

김강선 서울 용동초 사서교사

5~6월이면 4학년 학생들이 담임선생님의 인솔하에 화단에 나와 다양한 식물들을 관찰하는 모습을 보게 된다. 4학년 『과학』 교과에서 '식물의 한살이'에 대해 배우기 때문에 화단에서 직접 식물을 관찰하고 조사를 하는 것이다. 화단에 있는 식물은 한정되어 있어서 직접 볼 수 없는 식물은 학교 도서관에 있는 식물도감을 살펴본다.

도감은 학교도서관 자료 중에서 비교적 학생들이 잘 이용하는 자료이다. 하지만 학생들은 어떻게 도감을 이용해야 신속하고 정확하게 원하는 정보를 얻을 수 있는지는 잘 모르는 듯하다. 도감을 그냥 무작위로 넘겨서 본 후에 관심이 가는 페이지에 나온 정보를 그대로 베껴 쓰는 경우를 많이 목격한다. 도감을 많이 이용한다고 해서 도감자료를 활용하는 능력이 있다고 볼 수는 없는 것이다.

학생들이 많이 보는 도감 자료를 정확하게 이용하는 방법을 지도해야겠다고 생각했다. 『도서관과 정보생활』(4~6학년) 2단원 '도서관 자료의 활용'에는 도서관의 다양한 자료의 특징을 학습하는 내용이 나온다. 여기에서 도감 자료의 특징과 활용법을 배운 후 4학년 1학기 『과학』 교과 3단원 '식물의 한살이', 4학년 2학기 『과학』 1단원 '식물의 생활'과 연계해 팝업북 도감 만들기 정보활용수업을 계획했다. 도감 자료를 어떻게 이용하면 편리하고 정확하게 원하는 정보를 찾을 수 있는지 알려주기 위해 색인과 차례 활용법을 전달하는 데에 중점을 두었다.

도감을 활용할 수 있는 「과학」 교과 단원

교과	단원	학습 목표
『과학』	4-1-3 식물의 한살이	- 식물의 한살이 관찰 계획을 세우고 씨를 바르게 심어봅시다. - 한해살이 식물과 여러해살이 식물의 한살이를 조사하고 공통점과 차이점을 설명해봅시다.
『과학』	4-2-1 식물의 생활	- 우리 주변에 사는 식물에 흥미와 호기심을 느끼고 소중히 여기는 마음을 느껴봅시다. - 여러 가지 식물의 잎을 채집하여 관찰하고 잎의 생김새에 따라 식물을 분류해봅시다.

4학년 팝업북 도감 만들기 수업 흐름

관련 교과	『과학』 4-1-3 식물의 한살이 『과학』 4-2-1 식물의 생활
수업 목표	도감을 활용하여 정보과제 해결하기
수업준비물	동물 식물 이미지 PPT 자료, 도감 팝업북
수업 내용	**1차시 : 도감 활용법 배우기** • 동기유발 : 부분 이미지 동·식물 퀴즈 맞추기 • 도감의 특징과 종류에 대해서 알아보기 • 도감 색인과 차례 활용 배우기 **2차시 : 도감을 활용해 과제를 조사하고 팝업북 도감 만들기** • 도감을 활용하여 주어진 과제 조사하기 • 팝업북 모형에 도감 만들기 • 수업 정리 : 팝업북 모형에 도감을 만들어본 소감을 발표하기

1차시 　 도감 활용법 배우기

부분 이미지 동·식물 퀴즈 맞추기

학생들의 흥미를 유발하기 위해 동·식물의 부분 이미지를 단계별로 보여주고 퀴즈 맞추기를 했다. 학생들이 처음 단계에서는 잘 맞추지 못했는데, 2단계, 3단계에서는 동·식물 이미지를 추리해서 즐겁게 맞추는 모습을 볼 수 있었다. 그리고 글만으로 이해하기 어려운 사실과 정보를 그림과 사진을 수록해 알기 쉽게 설명해 놓은 도감 자료의 특성과 연결해서 설명해주었더니 학생들이 "아하!" 하면서 도감의 특징을 이해하는 모습을 보였다.

도감의 특징과 종류에 대해서 알아보기

첫 번째 활동에서는 도감의 특징과 종류에 대해서 알아보았다. 학생들이 다른 도서관 자료에 비해 도감 자료를 많이 이용해서인지 "도감의 종류에는 무엇이 있을까요?"라는 질문에 다양한 도감의 종류에 대해서 발표하는 것을 볼 수 있었다. 하지만 도감 자료가 무엇이고, 어떤 특성을 가지고 있는지에 대해서는 대답하지 못했다. 그래서 도감 자료가 무엇인지 알기 쉽게 정확한 의미를 설명해주고, 도감을 활용했을 때 어떤 점이 좋은지 이해를 시켰다.

도감의 색인과 차례 활용 배우기

두 번째 활동에서는 도감 속 색인과 차례를 특징을 살펴보고 활용법을 배웠는데, 도감에 나온 실물을 직접 살펴보면서 색인과 차례의 역할을 알아보고 그 차이점을 비교해 보았다. 그리고 '초파리의 한살이'를 예로 들어 색인에서 어떻게 찾아야 하는지 실습해보고 직접 확인하는 시간을 가졌다. 색인의 낱말 키워드와 쪽수를 보고 찾는 실습을 직접 해보았는데 그 중 일부 학생은 여전히 색인과 차례를 확인하지 않고 도감자료를 막 넘기면서 찾는 모습도 간간히 보였다.

이를 보면서 단발적인 수업으로 끝낼 것이 아니라 담임 교사와 협력해 장기적인 도감 자료 활용법에 대한 교육을 해야겠다는 생각이 들었다.

2차시 도감을 활용해 과제를 조사하고 팝업북 도감 만들기

도감을 활용해 모둠별로 조사활동하기

여러 가지 도감 중에서 모둠별로 한 가지 도감을 선택해 과제를 조사하는 활동을 했다. 각 모둠별로 선택한 도감이 다르기 때문에 도감의 주제에 맞게 과제를 제시했다. 동물 도감이 인기가 많아서 학생들끼리 서로 '동물' 주제를 하겠다고 우기는 모습도 보였다. 조사과제 학습지에는 도감의 색인과 차례를 활용해 조사 대상의 이름과 특징을 쓰고 인용 정보도 쓰면 되었다. 인용 정보를 밝히는 부분에는 도감 제목과 색인과 차례 중 어떤 것의 도움을 받았는지 선택하는 '도감찾기 도우미'란, 도감찾기 도우미가 어떤 식으로 배열되어 있는지 '배열형식'을 선택하는 란, 지은이, 정보를 참고한 쪽 번호를 쓰는 칸으로 구성되어 있었다. 아이들은 쪽 번호와 가나다 순에 따른 배열형식이란 말을 잘 이해하지 못해서 여러 번 설명을 해야 했다. 학습지를 만들 때에도 아이들 눈높이에 맞는 어휘력 선택이 필요하다는 생각이 들었다.

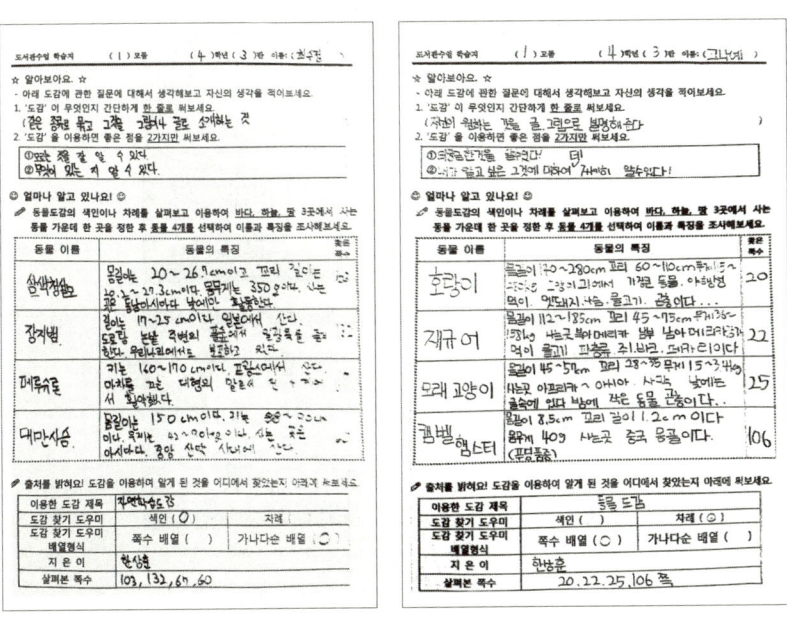

학생들이 작성한 조사과제 학습지

팝업북 도감 만들기

색인과 차례의 역할과 활용법을 보다 직접적으로 이해하는 활동을 하고자 팝업북 도감 만들기를 실시했다. 학생들은 팝업북 모형 앞표지에 도감 제목, 자신의 이름으로 지은이 이름을 쓰고, 직접 창의적으로 지은 출판사 이름, 표지 그림을 그려 넣으며 표지를 완성했다. 도감 본문은 모둠별로 조사한 동·식물, 문화재, 갯벌생물 등을 그림과 함께 설명글을 채워 넣으며 완성했다. 팝업북 모형 두 번째, 네 번째 뒷면에 수업에서 배운대로 색인과 차례를 적어보았다.

색인을 가나다순대로 쓰는 방법을 여전히 이해하지 못해 질문을 해오는 학생들이 여럿이었다. 색인의 개념에 대해 학생들이 이해하기 쉽도록

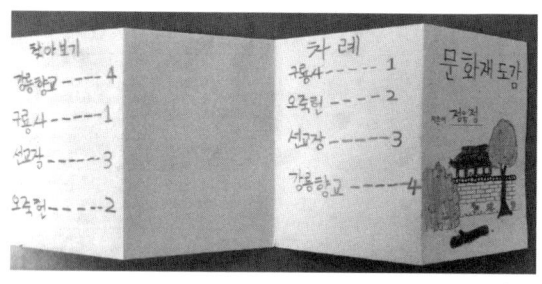
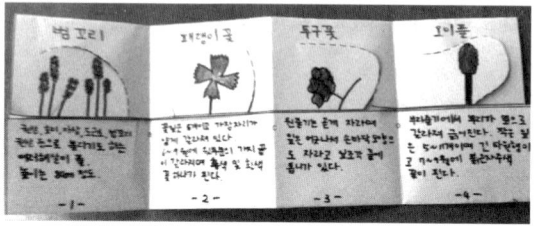

학생들이 만든 팝업북 도감

여러 번에 걸쳐 지속적으로 설명해주고 활용법을 제대로 알려줘야 할 필요성을 느꼈다.

  수업을 마무리하며 각자 소감을 발표하는 시간을 가졌는데, 도감을 활용해 과제를 직접 조사하고 팝업북을 만드는 활동까지 한 것이 무척 뿌듯했다는 소감들이 많았다. 색인과 차례의 개념에 대해 잘 알게 되었다는 소감은 수업을 계획한 보람을 느끼게 했다.

  도감 자료를 활용한 정보활용수업을 진행하면서 든 생각은 학생들이 도서관에서 많이 이용하는 자료라 해서 그 활용법을 잘 알고 있는 건 아니라는 것이다. 아무리 많이 활용하는 자료라 해도 그 자료의 특성과 활용법을 체계적으로 배우지 않으면 그저 즉흥적으로 고른 정보를 베껴쓰는 정도로 과제를 해결하기 십상이다. 학생들이 스스로 원하는 정보를 신속하고 정확하게 해결할 수 있는 능력을 기르기 위해서는 정확하고 체계적이고 지속적인 매체자료 활용법에 관한 교육을 실시해야 할 것이다.

조사과제 학습지

1. '도감'이 무엇인지 간단하게 한 줄로 써보세요.

2. '도감'의 색인과 차례를 이용하면 좋은 점을 2가지를 써보세요.

   ①
   ②

3. 동물도감의 색인이나 차례를 살펴보고 이용하여 바다, 하늘, 땅 3곳에서 사는 동물 가운데 한 곳을 정한 후 동물 4개를 선택하여 이름과 특징을 조사해보세요.

동물 이름	동물의 특징	찾은 쪽 번호

4. 출처를 밝혀요! 도감을 이용하여 알게 된 것을 어디에서 찾았는지 아래에 써보세요.

이용한 도감 제목		
도감 찾기 도우미	색인 ( )	차례 ( )
도감 찾기 도우미 배열형식	쪽 번호 배열 ( )	가나다순 배열 ( )
지은이		
살펴본 쪽 번호